LA GUERRA
EN CANTOS

*La Segunda Guerra Mundial
en el Cancionero Popular de
Puerto Rico*

Rígel Torres

Portada: Soldados puertorriqueños en Guayana Holandesa, 1942. Foto del Departamento Militar de las Antillas, según difundida el 13 de abril de 1942 en el periódico El Mundo. Contraportada: Soldados boricuas, 1941, en entrega de parcelas en Corozal, Puerto Rico. Foto de Jack Delano para el U.S. Farm Security Administration/Office of War Information/Library of Congress Prints and Photographs Division Washington, D.C. 20540 USA
http://hdl.loc.gov/loc.pnp/pp.print

Este trabajo lo dedico a mis amigos coleccionistas y amantes de la música, que por años y años hemos hecho del tercer domingo de enero un día mágicamente musical. Gracias a Carmen y a Jaime por darme la oportunidad de acompañarlos en esos encuentros musicales. Gracias a Joe por contagiarme su respeto por nuestra música.

Tengo que agradecer (tenemos que agradecer todos los puertorriqueños) a Cristóbal Díaz Ayala por haberse ocupado, como lo ha hecho, por nuestra historia musical. Un día me dijo "ponte las pilas y empieza a escribir". A partir de su obra sobre la discografía puertorriqueña pude levantar esta investigación.

Gracias a Pablo Marcial Ortiz, Juan Mora Bosch, Francis Amador y los colaboradores de la histórica revista *La Canción Popular* porque sin sus escritos y colaboraciones este trabajo no se hubiera podido hacer.

Rígel Torres
Dic. 2018

La Isla Musical	6
Contexto Histórico	16
Frente Interno De Estados Unidos	18
Los Años 30	35
Puerto Rico Ante La Guerra	44
Apuntes Sobre La Canción Popular	56
La Canción Popular En Puerto Rico 1900-1938	60
La Canción Popular Puertorriqueña	73
De Lo Romántico A La Picardía	76
El Tema Sociocultural	84
El Folclore y La Patria	92
La Guerra Se Vuelve Canción	106
Aires De Guerra	109
PA' ABISINIA	113
GUERRA	120
LA LLAVE	129
A LA GUERRA YO NO VOY	138

La Guerra De Los Boricuas: Apoyo Musical A Los Estados Unidos Y A La Participación De Soldados Puertorriqueños En El Conflicto 144

- UNIÓN 148
- MARCHARÉ 156
- SENTIMIENTO 159
- SAPO, SAPO JAPONÉS 165
- OKINAWA 169
- POR TELÉFONO 174
- DOUGLAS MACARTHUR 178
- EL SEIS DE LA VICTORIA 186
- VENGANZA 191
- DESPEDIDA 196
- FRENTE AL MAR 200
- JUAN 203
- EL JÍBARO RECLUTA 206
- CUANDO DIGAN FUEGO 210
- Una Guerra en Cantos: Conclusiones 214
- Notas y Bibliografía 221

La Isla Musical

En la única discoteca de Bled, un pueblo en los Alpes Julianos de Eslovenia, mientras compartía con unos amigos el festivo, pero sobrio ambiente del lugar (se podía conversar), una canción que me era familiar mantenía bailando a unas chicas que celebraban una despedida de soltera. Era la canción del momento en esa parte del mundo. *Suavemente*, el éxito mundial de Elvis Crespo se adueñó del verano europeo del 2002.

En el mundial de fútbol realizado en Francia en 1998 la canción tema fue *La Copa de la Vida*. La interpretaba otro boricua, Ricky Martin.

El tema musical más importante del planeta durante el 2017-2018 fue la canción de Luis Fonsi *Despacito*. En la plataforma de vídeos YouTube, *Despacito* ha superado a todos los grandes del pop mundial. Es el vídeo más visto en la era del Internet. El vídeo fue filmado en el barrio La Perla del Viejo San Juan, y la canción es interpretada totalmente en español. Es una fusión de balada rítmica con reggaetón, en la cual figura como co-intérprete el cantante de música urbana Daddy Yankee, también puertorriqueño.

La obra musical más exitosa en la historia de Broadway, *Hamilton*, la escribió, musicalizó y protagonizó Lin-Manuel Miranda, un hijo de puertorriqueños que emigraron a Nueva York a completar estudios universitarios.

No está nada mal para una isla que cabe seis veces dentro del Lago Míchigan. Esta increíble exposición musical puertorriqueña no se limita a la época actual. Ya a principios del siglo veinte un ponceño era primer tenor en La Scala de Milán, la sala operática más importante de Europa. Antonio Paoli, luchando en contra de una vida llena de adversidades, logró convertirse en "el tenor de los tenores", cantante de reyes y zares.

Al otro lado del Atlántico, en Nueva York, la colonia puertorriqueña comenzaba a destacarse musicalmente. Eventualmente, con la temprana llegada de la radio a Puerto Rico, y con el acceso a las nuevas tecnologías de grabación disponibles en Nueva York, la música boricua se difundió por todo el mundo. Si algo ha distinguido al Puerto Rico del siglo 20 y del siglo actual, es su capacidad para crear productos musicales de impacto internacional. En el siglo 20 nuestros compositores, cantantes y músicos, conquistaron las ondas radiales del Caribe, y desde la costa caribeña de América del Sur, sus melodías abarcaron todo el continente. Varios de los cantantes de la que fue la orquesta tropical más famosa de su época, La Sonora Matancera de Cuba, fueron puertorriqueños. En el repertorio musical caribeño, la influencia de los compositores boricuas fue tal, que canciones como *Cachita*, en el caso de Cuba, *Quisqueya* en el caso de República Dominicana, y *Amor Perdido*, en el de México, pueden ser defendidas como canciones propias de sus países por quienes no están al tanto de la nacionalidad puertorriqueña de sus compositores, Rafael Hernández y Pedro Flores.

En su obra *A Tres Voces Y Tres Guitarras; Los Tríos En Puerto Rico,* Pablo Marcial Ortiz nos demuestra la importancia que tuvieron los músicos puertorriqueños en el éxito de este formato musical en la segunda mitad del siglo veinte. Uno de los fundadores del trío Los Panchos, Hernando Avilés, así como dos de sus eventuales primeras voces, Julito Rodríguez y Johnny Albino, fueron parte de ese grupo de músicos talentosos que mostraron al mundo que Puerto Rico era un país de profundas raíces musicales. Varios de los integrantes del trío más representativo de la música suramericana, Las Tres Guitarras, fueron puertorriqueños.[1]

Las grandes orquestas de jazz de Estados Unidos contaron con el talento musical de los emigrantes puertorriqueños que llegaron integrados a las fuerzas armadas estadounidenses, o por necesidad económica, al New York de las décadas del 1920 al 1940. Estos traían consigo el conocimiento adquirido en las bandas municipales de la Isla. El legendario director de orquesta Duke Ellington señaló que, durante una visita a Washington DC, fue impresionado por una orquesta de puertorriqueños cuyos músicos podían tocar múltiples instrumentos.

En palabras de Ellington: "all the musicians doubled on different instruments, something that was extraordinary in those days".[2] Luego, Juan Tizol, uno de esos músicos que conoció Duke Ellington en 1920, se convertiría en su mano derecha y compondría piezas emblemáticas de la época de oro del jazz norteamericano como *Caravan* y *Perdido*.

Javier Cugat, ícono del sonido latino en la ciudad de Nueva York y en el mundo, siempre tuvo entre sus músicos y cantantes a puertorriqueños que lo ayudaron a crear una orquesta con ritmos tropicales adaptados al gusto, y hasta cierto punto prejuicios, del mercado anglosajón de unos Estados Unidos que, a partir de la Segunda Guerra Mundial, contaba con los recursos y las condiciones para ampliar sus alternativas de entretenimiento.

En los años sesenta, una segunda y tercera generación de la diáspora puertorriqueña de Nueva York, germinó, desde la amalgama tropical de la gran ciudad, el ritmo que vendría a conocerse en el mundo entero como la *Salsa*. Más recientemente, ya en el siglo 21, y luchando en contra de las fuerzas de la globalización cultural que promueven las nuevas tecnologías, de los barrios marginales de Puerto Rico ha nacido el *Reggaetón*, un género que combina los ritmos boricuas y jamaiquinos con elementos del *Hip-Hop* estadounidense. Actualmente, este género, de gran acogida en América Latina y España, se escucha lo mismo en San Juan y en Lima, Perú, que en las calles de París y de Berlín.

La emigración masiva de puertorriqueños a Nueva York tuvo mucho que ver en lograr que esas características musicales, lo que más ha proyectado a la cultura boricua en el mundo, se dieran a conocer, y se maximizaran exponencialmente. La Isla halló una continuación de su existencia en la ciudad de Nueva York. Allí los puertorriqueños crearon una comunidad que, en cierta medida influenciada por otros emigrantes cubanos, españoles, mexicanos y suramericanos, potenció el desarrollo de un mercado de productos culturales. Las primeras generaciones de emigrantes, atados a la nostalgia de la tierra lejana, ansiaban escuchar canciones en su idioma natal, el castellano. Con el aumento del número de puertorriqueños que se establecían en Nueva York y otras ciudades del este de los Estados Unidos, las facilidades de hacer el viaje también aumentaron, los costos disminuyeron. Para los puertorriqueños, a quienes la Primera Guerra Mundial sorprendió como ciudadanos estadounidenses en 1917, era relativamente fácil viajar a Nueva York. Además, comparado a quedarse a vivir en la paupérrima situación económica que prevaleció en la Isla durante la primera mitad del siglo 20, las penurias del "embarcarse" (como todavía se dice en el habla popular al proceso de la emigración por ser en barco que se viajaba a Nueva York durante gran parte del siglo 20) parecían desaparecer ante la esperanza de una mejor vida en el norte. Para finales de los años veinte, el puente Nueva York-San Juan estaba hecho.

A los fines del presente análisis este puente imaginario entre los puertorriqueños de la Isla y los que residían en Nueva York es muy importante. En primer lugar, como expliqué anteriormente, las condiciones que se crearon en Nueva York para el desarrollo de una industria discográfica puertorriqueña incidieron en que esa misma música que se creó, produjo y escuchó en Nueva York pasara casi instantáneamente a Puerto Rico. A su vez, mucha de la música que empezó a producirse en Puerto Rico halló oídos y mercado en la comunidad hispana de Nueva York. Para los años que se cubren en este análisis sobre el tema de la Segunda Guerra Mundial en la canción popular puertorriqueña, 1938 al 1945, la oferta musical puertorriqueña de Nueva York y Puerto Rico era, para todos los fines prácticos, la misma.

A diferencia de lo que ocurrió en la discografía estadounidense, la Segunda Guerra Mundial fue un tema recurrente e importante.[3] Además de que canciones como *Despedida*, de Pedro Flores, se han convertido en "standards" internacionales, el número de canciones que aluden al tema es impresionante cuando se compara con el volumen total de canciones producidas en los años en cuestión, o cuando vemos que los conflictos bélicos posteriores de Corea, Vietnam, Iraq y Afganistán (sin contar las decenas de intervenciones militares que han realizado las fuerzas armadas de los Estados Unidos) apenas son utilizados como temas musicales.[45]

La Segunda Guerra Mundial, frecuentemente recordada en el imaginario estadounidense como "the good war", tuvo una insólita repercusión en nuestro cancionero popular. Ni antes, ni después, se cantó tanto a un evento histórico. Este hecho adquiere más importancia cuando sabemos que no era la guerra de los puertorriqueños. La Segunda Guerra Mundial fue una guerra que involucró a un país que había tomado a Puerto Rico como botín de guerra hacía apenas 40 años, y que mantenía a Puerto Rico en la más extrema condición de pobreza. No existían razones para que afloraran sentimientos de solidaridad y patriotismo para apoyar a una nación que se había apoderado de Puerto Rico y que, al hacerlo, luego de tantos años, no había generado los cambios que prometió al asumir la soberanía de la Isla.

Este análisis pretende indagar sobre los factores que se dieron, en el frente de guerra interno de los Estados Unidos y en la sociedad puertorriqueña, para propiciar esta inusitada producción de canciones populares relacionadas con el tema de la Segunda Guerra Mundial. Utilizando un análisis cualitativo del contenido letrístico de varias canciones puertorriqueñas de la época, se identificarán las tendencias discursivas de los textos de las canciones en términos de qué dicen, cómo lo dicen, para quién lo dicen, para qué lo dicen y, cuando sea pertinente, quién lo dice.

Las fuerzas que operaron en los Estados Unidos para sembrar en la población un apoyo casi incondicional a la Segunda Guerra Mundial se duplicaron en el Puerto Rico de los años cuarenta. Aunque la canción popular puertorriqueña que aludió a la guerra la representó desde diversas perspectivas, en pro, en contra, o como un simple tema más de entretenimiento, estas canciones son prueba cantada de que Washington, Hollywood, y la representación local de los publicistas y los intereses económicos norteamericanos, lograron que, también para los puertorriqueños, la Segunda Guerra Mundial fuera "la guerra buena".

Contexto Histórico

En el contexto histórico del Puerto Rico de la primera mitad de siglo veinte, factores internos y externos incidieron en la producción de temática social que abundó en el cancionero popular boricua. La evolución de Estados Unidos hacia una potencia militar mundial, a raíz de su guerra con España, trajo consigo la urgencia de crear un ejército numeroso y leal; había que fomentar la creación de patriotas. Los errores cometidos en la consecución de esos propósitos en la Primera Guerra Mundial no podían repetirse si se quería completar el "destino manifiesto" esbozado por los imperialistas estadounidenses. [6]

Aunque la propaganda oficial que se usó en Puerto Rico para promover el apoyo ciudadano a la intervención norteamericana en la Segunda Guerra Mundial fue similar a la utilizada en los Estados Unidos, la respuesta popular fue distinta en ambos casos. En Puerto Rico, acaso por su tamaño, su cohesión cultural y las características socioeconómicas de la población, el fervor de la guerra, en todas sus variantes, se encauzó a través de la música. En Estados Unidos se canalizó con mayor intensidad a través del cine. En Puerto Rico, la creación musical se dio espontáneamente, mientras que, en el cine americano, así como en el mundo publicitario de "Madison Avenue", hubo una campaña planificada para hacer de la Segunda Guerra Mundial la guerra con mayor apoyo popular en toda la historia de los Estados Unidos.

Frente Interno De Estados Unidos

Una de las imágenes más emblemáticas de la sociedad estadounidense es la del personaje del Tío Sam señalando con el dedo debajo de un encabezado que dice "Uncle Sam Wants You" (El Tío Sam te Necesita). Esta gráfica fue creada en 1916 por James Montgomery Flagg utilizando una imagen envejecida de sí mismo. El propósito era ilustrar la portada de la revista *Leslie's Illustrated Weekly Newspaper*, cuyo editorial pedía el apoyo de la ciudadanía a la preparación militar, en caso de que fuera necesaria una participación de Estados Unidos en la entonces llamada Guerra Europea. Con la llegada de Woodrow Wilson, un académico de convicciones pacifistas, a la presidencia, el país parecía dirigido a expandir su hegemonía hemisférica sin mayores contratiempos bélicos. Wilson había ganado su reelección en 1916 con la línea publicitaria "He kept us out of war" (Él nos mantuvo fuera de la guerra), pero las circunstancias de su segunda presidencia cambiaron cuando los submarinos alemanes comenzaron a hundir barcos norteamericanos y a interferir con el considerable comercio entre Estados Unidos y los países de la Triple Entente. A su entrada a la Gran Guerra en 1917, el ejército estadounidense contaba con 179,000 soldados. Para 1918, gracias a la conscripción y al voluntariado coercitivo promovido por la industria, el gobierno y grupos ciudadanos, había 2,900,000 soldados en el ejército de Estados Unidos. Al finalizar la guerra, y en apenas un año, habían muerto 116,516 soldados estadounidenses.

La decepción que existía en Estados Unidos luego de su participación en la Primera Guerra Mundial, unida a la naturaleza poblacional de la nación, se dejó sentir en su estabilidad política. Los eventos de principios del siglo veinte europeo, la Revolución Rusa, y la inmigración masiva de personas a los centros urbanos del este y del medio oeste norteamericano, afectaron a la relativa paz del frente interno que vivía la nación luego de la reconstrucción de Estados Unidos tras su guerra civil. Personas de todas partes del mundo llegaban a Estados Unidos en busca de un futuro mejor, o huyendo de las condiciones políticas de sus países de origen. Muchos de estos inmigrantes trajeron consigo las ideologías imperantes en el viejo continente y, dada la importancia de sus experiencias laborales y profesionales para un país en pleno desarrollo, se insertaron rápidamente en la fuerza laboral y en las luchas obreras de su nuevo lugar de residencia. En su artículo sobre la americanización del trabajador inmigrante de los Estados Unidos desde 1880 hasta 1930, James Barret resume los resultados de la guerra de la siguiente manera: "Los efectos de la guerra- aumento en la demanda, escasez de empleos y aumento en la inflación- trajeron a colación el tema de la calidad de vida y el sacrificio mutuo en torno a los esfuerzos de guerra. En este proceso la guerra fortaleció a las uniones obreras en su habilidad de negociación y reclutamiento, y les dio material para problematizar la ideología democrática...". Para 1919 la organización que representaba a los trabajadores del acero tenía 100,000 miembros, la mayoría de ellos inmigrantes que habían llegado recientemente al país. En la década posterior a la Primera Guerra Mundial, se dio, como indica Barrett, "la más grande oleada de huelgas hasta entonces vista en la historia estadounidense". [7]

La situación que esta realidad migratoria creaba en la política norteamericana iba más allá de lo que los círculos del poder de la época estaban dispuestos a tolerar. La ideología de los recién llegados se estaba concretando en la formación de partidos políticos. En 1919, entre el Partido Socialista de Estados Unidos y el Partido Comunista de Estados Unidos, se dividían una membresía de 40,000 miembros. De éstos, sólo el 10 por ciento hablaba inglés. Tal era la diversidad de inmigrantes con inclinaciones políticas de todo tipo, e incapaces de comunicarse entre sí, que surgieron federaciones étnicas, "language federations". Estas asociaciones creadas en torno a un idioma común y al ideal socialista, formaban dentro de la nación americana una pequeña Europa en el continente americano. Más de una docena de federaciones se institucionalizaron en el mundo político norteamericano de principios del siglo veinte. Eslavos, rusos, polacos, lituanos, alemanes, finlandeses, húngaros, italianos, letones, eslovacos y escandinavos se unían a otros inmigrantes ibéricos y latinoamericanos para crear una auténtica mezcla de razas que todavía no sentían la presión del llamado "melting pot". Esta falta de fervor patriótico de los inmigrantes recién llegados era vista por los estadounidenses "nativos" o aquellos que llevaban más de una generación en el país, como algo peligroso e intolerable; más aun cuando muchos de esos nuevos inmigrantes venían de países o regiones que formaban la Triple Alianza. En su obra *Uncle Sam Wants You: World War I and the Making of the Modern American Citizen*, Christopher Capozzola asevera, sobre la importancia de estos años en el desarrollo socio-político norteamericano, que "la era de la Primera Guerra Mundial marcó el punto más alto en un tipo específico de violencia en la historia estadounidense, cuando las acciones represivas de instituciones estatales, organizaciones privadas, y turbas de ciudadanos, dejaron más de 70 muertos, y miles aterrorizados con la hoguera y la horca. Sin embargo, esos mismos años fueron testigos del fortalecimiento de los cuestionamientos políticos en contra de la autoridad supra legal, y dieron el paso inicial al desmantelamiento del paramilitarismo del siglo veinte".[8]

Antes, durante y después de la Gran Guerra, hubo en la sociedad estadounidense un sector de la población muy numeroso que se oponía a la guerra y que no veía en tal oposición un conflicto patriótico, porque entendía que el servir o no servir en la guerra era una prerrogativa personal y no una obligación moral.[9] Fue para estos años que el aparato militar norteamericano tuvo que lidiar con los objetores por conciencia y definir para la posteridad el rol de la religión en el marco de un servicio militar que, aunque selectivo, era obligatorio. Como mencionamos anteriormente, Wilson había ganado sus dos elecciones sobre una base pacifista y no intervencionista. La inmensa población inmigrante incluía gente de todos los bandos del conflicto europeo, y su reciente llegada a suelo americano significaba que aún había lazos estrechos con sus lugares de origen. Ante la falta de soldados para defender los intereses comerciales de Estados Unidos en la guerra, el Congreso, además de establecer el servicio militar obligatorio, aprobó leyes que criminalizaban el discurso antibélico, el espionaje y la sedición. Se fomentó la creación de un patriotismo forzado inducido por tácticas innovadoras como la intriga, el sometimiento de ciudadanos a la humillación pública de ser embadurnados con alquitrán y arropados con la bandera y arrastrados por las calles, la creación de carpetas a niveles burocráticos, la censura postal, la tortura y el linchamiento. Aun en esas condiciones, sobre 300,000 personas lograron evadir el servicio militar, y barrios enteros se negaron a cumplir con sus cuotas de compra de bonos de guerra. No empece al llamado "red scare" (la amenaza roja), en los años posteriores a la guerra, los partidos nacidos de las federaciones étnicas crecieron, y hasta participaron en elecciones legislativas y presidenciales.

En las elecciones del 1924, 1928 y 1932, William Z. Foster, del estado de Massachusetts, aspiró a la presidencia de los Estados Unidos en representación del Partido Comunista Americano. Hasta bien entrado el primer tercio del siglo veinte, una porción considerable del unionismo norteamericano veía en el modelo soviético la solución a los problemas que encaraba el capitalismo estadounidense. En 1932, Foster alegaba que "la Revolución Americana, cuando los trabajadores hayan asumido el poder finalmente, se desarrollará más rápido, en todas sus fases, que lo que ha sucedido con la Revolución Rusa. Esto es así porque las condiciones objetivas en los Estados Unidos están más maduras para la revolución de lo que estuvieron en la vieja Rusia".[10]

En junio 20 de 1930, el Madison Square Garden vio en sus gradas cómo 12,000 miembros del Partido Comunista de Estados Unidos se reunían a celebrar su 7ma. Asamblea Anual. En los pasillos del famoso coliseo neoyorquino colgaban fotos de Lenin por todas partes. Todos estaban convencidos que "los problemas económicos crearían inevitablemente el camino a una revolución tipo bolchevique en Estados

Unidos". [11]

Para 1939, diez años después del desplome de la economía, todavía la situación de los Estados Unidos era tan precaria, que la idea de un americano, patriota antes que todo, dispuesto a hacer lo que fuera por su país, era algo que no iba más allá del grupo de quienes, más que patriotas, eran conservadores de derecha, o defensores a encargo de los grandes intereses comerciales del país.

Lo que la presidencia del presidente Roosevelt logró, aunque le tomó buena parte de sus 12 años en la Casa Blanca, parecía imposible al momento de su elección. Eventualmente, la era de Franklin D. Roosevelt se convertiría en la era del estadounidense. Por fin existía algo que pudiera definirse como un estadounidense genuino. Una generación nacida y criada en Estados Unidos comenzaba a tomar las riendas del país. Esta nueva etapa norteamericana no se daría espontáneamente. Además de los acontecimientos mundiales que pesaban sobre la nación en crecimiento geográfico, demográfico y económico, la realidad que trajo consigo la Gran

Depresión, obligó a la administración de Roosevelt a experimentar lo que fuera para sacar al país del atolladero que un capitalismo sin control ocasionó al país.

Otra guerra europea se encargaría de darles a los arquitectos del Nuevo Trato el poder popular que necesitaban para implantar algunas ideas hasta entonces consideradas revolucionarias. La Segunda Guerra Mundial produjo el despegue definitivo de Estados Unidos de América hacia su gran era como primera potencia económica y militar. Para quienes miran la realidad estadounidense desde el cristal del desempeño de su política exterior, podría parecer que Estados Unidos estaba esperando el momento indicado para hacer una entrada inevitable y más conveniente en términos de balance riesgos-beneficios en el conflicto. Lo cierto es que las facciones políticas internas norteamericanas estaban, al igual que durante toda su historia, librando una intensa batalla ideológica.

El tema de la guerra de Europa era, como mucho, un tema secundario en un país aún no totalmente consolidado como nación.[12] Los republicanos defendían un capitalismo sin cortapisas con un gobierno central limitado. Los demócratas proponían un gobierno central capaz de velar por los intereses de las clases trabajadoras y controlar las arbitrariedades de los grandes intereses; abusos que, al parecer de los demócratas, habían ocasionado el colapso económico que provocó la Gran Depresión. Aunque el presidente Franklin Delano Roosevelt y sus políticas del Nuevo Trato habían logrado, en cierta medida, sacar al país de la depresión que comenzó a finales de los años 20, su control sobre el Congreso no era absoluto. Cada decisión que se tomaba, si era vista por los republicanos como un acto que añadía más poder al gobierno central y a la rama ejecutiva, tenía que lucharse como si la caída de Wall Street no hubiera ocurrido y como si las políticas del Nuevo Trato no hubieran tenido ningún resultado positivo.

Aun dentro del Partido Demócrata, Roosevelt tenía sus detractores. Para el ala más radical del liberalismo demócrata, el presidente no había hecho lo suficiente por las uniones y la clase pobre. Para esta facción de los demócratas, Roosevelt estaba perdiendo la oportunidad de darle la estocada final a los grandes intereses. Huey Long, el carismático exgobernador de Louisiana y senador por ese mismo estado en Washington, un decisivo aliado de la primera presidencia de Roosevelt, rompió con el presidente al punto de dar la impresión de que crearía un tercer partido. Dentro del proletariado norteamericano el atractivo de las ideas populistas de Long era tal que Roosevelt lo consideraba uno de los dos hombres más peligrosos de Estados Unidos (el otro era Douglas MacArthur).[13] Les llamaba así porque eran posibles aspirantes a la presidencia. El hecho de que Huey Long fuera asesinado por rivales políticos (de su mismo partido) en Louisiana da una clara idea de lo serias que eran las divisiones ideológicas en Estados Unidos antes y durante la Segunda Guerra Mundial. Ni siquiera el evento que propició la entrada de Estados Unidos a la guerra, el ataque a Pearl Harbor, aplacó las luchas políticas de Washington, que continuaron su usual intensidad competitiva. En Inglaterra, a diferencia de Estados Unidos, se formó un gobierno de coalición y se cancelaron las elecciones mientras duró la guerra.[14]

Roosevelt, que había ganado las elecciones del 1936 con un 56% del voto popular, ganó las del 40 con un 54%. Todavía el margen de victoria era formidable, pero un asomo de recesión, el aumento en la cantidad de jueces del Tribunal Supremo, y los frecuentes paros laborales, lograron que demócratas conservadores sureños se aliaran con los republicanos del Congreso para detener la continuación del Nuevo Trato, y quitar recursos a algunos programas todavía existentes. Franklin Delano Roosevelt no fue el todopoderoso presidente que la nostalgia de la "buena guerra" suele presentar a las generaciones posteriores a su presidencia.

La vida política de Franklin Delano Roosevelt ya era formidable cuando asumió la presidencia del país en 1932. Fue electo senador estatal en Nueva York en 1911. Tres años después fue nombrado subsecretario de las Fuerzas Navales de Estados Unidos. En 1920 aspiró a la vicepresidencia de

Estados Unidos acompañando al candidato demócrata James Cox. Luego de perder esa elección, en 1929 se postuló y ganó la gobernación del estado de Nueva York.

El relativo éxito de sus políticas estatales para enfrentar el descalabro económico en que se encontraba la ciudad de Nueva York y el resto del estado, a raíz de la caída de la bolsa de valores, le dieron la oportunidad de aspirar a la presidencia del país. Entre los programas que Roosevelt implantó en su estado se encontraban algunos que beneficiaron de manera especial a las familias puertorriqueñas de la ciudad de Nueva York. Más adelante en este análisis se podrá apreciar cómo los compositores boricuas hacían mención del *Home Relief* con que Roosevelt experimentó antes de presentar, ya como presidente, su Nuevo Trato. [15]

En 1933 Franklin D. Roosevelt fue juramentado presidente de Estados Unidos de América. En medio de la peor depresión económica del mundo capitalista hasta entonces, su administración comenzó a implantar reformas de todo tipo. A las decenas de agencias y programas de lo que se conoció como el Nuevo Trato, sus opositores les llamaban la "sopa de letras", en referencia a las abreviaturas con que se les conocía a dichas iniciativas. Entre éxitos y fracasos, el legado de Franklin Delano Roosevelt ha llegado hasta nuestros días en agencias de reglamentación bancaria como el FDIC y la Administración del Seguro Social con todas sus ramificaciones. El Nuevo Trato alcanzó sus mayores logros en la estabilización bancaria y financiera, en la asistencia agrícola y en los programas de bienestar social, inexistentes, y para algunos inconcebibles, hasta entonces. Para el historiador Anthony Badger, el Nuevo Trato puede definirse como "una serie de medidas que permitieron a la población sobrevivir la Depresión hasta que la Segunda Guerra Mundial abrió nuevas oportunidades".[16] La guerra marcó el cambio decisivo para la mayoría de los estadounidenses. Esto es así aun cuando los prejuicios y la discriminación fueron evidentes en la conducta de Estados Unidos en la guerra. En el oeste norteamericano se encarceló a estadounidenses de extracción japonesa, las leyes segregacionistas contra los ciudadanos negros (Jim Crow Laws) se mantuvieron vigentes, los logros del feminismo se detuvieron, había pocas oportunidades para los indios americanos y los hispanos, y el antisemitismo era generalizado, así como el prejuicio contra los homosexuales en y fuera del servicio militar.[17]

Aun con la aumentada capacidad y papel del gobierno central estadounidense durante la época del Nuevo Trato, Estados Unidos no estaba preparado para una guerra como la que iba a enfrentar. Había que construir, reparar, expandir o reconvertir factorías para producir armamentos. Había que conseguir y hacer llegar materias primas y provisiones a esas fábricas de acuerdo con las prioridades de uso. Había que conseguir o adiestrar personal capacitado para las nuevas necesidades industriales. Las provisiones para la población civil tenían que ser garantizadas con una equidad básica de tal manera que no se afectara la producción militar. Los precios y los salarios debían ser controlados para evitar una ruinosa inflación. Había que hallar los fondos para financiar la inmensa movilización nacional que exigía la entrada del país a la guerra.

Para promover la aprobación popular a la participación estadounidense en la Segunda Guerra Mundial, se estableció la OWI (Oficina de Información de Guerra). Esta agencia estaba a cargo de producir y controlar toda la información relacionada con el gobierno federal en torno a todo lo que tuviera que ver con los esfuerzos de guerra. Era, además, el censor (sin poder legal) de los mensajes de comunicación masiva del país. A través de la OWI se canalizaba la radio, la televisión (aún en ciernes), la prensa y el cine. Fueron las actividades del OWI y sus ramas como el Negociado de Cine (Bureau of Motion Pictures), las que, a través de una propaganda programada y sistemática, crearon las bases para el apoyo cultural a la guerra tanto en Estados Unidos como en Puerto Rico. [18]

Los Años 30

En un perfil resumido de la época, el historiador Luis E. González Vales describe la década del treinta como una década que "se caracterizó por la angustia y constante desasosiego entre los puertorriqueños, en particular los menos favorecidos. Las condiciones de vida y de trabajo se volvieron intolerables".[19] Los intereses económicos de la metrópoli se habían adueñado de las tierras cultivables de la Isla y habían impuesto una agricultura de cultivos limitados de caña de azúcar y tabaco. La amenaza de una hambruna era muy real. Las luchas políticas internas agravaban la situación al punto de que muchas decisiones determinantes, como describiremos luego en la discusión del Plan Chardón, había que tomarlas fuera de la Isla para que no se vieran saboteadas por los intereses cañeros absentistas y sus representantes y defensores en la Isla. Por primera vez en la historia colonial de Puerto Rico, el pueblo protestó de forma masiva y casi generalizada. En su obra *Deporte e Identidad; Puerto Rico y su Presencia Deportiva*

Internacional (1930-1950), Félix R. Huertas describe la situación de la década del treinta de la siguiente manera: "La difícil situación social y económica provocó que sectores amplios de la sociedad puertorriqueña cuestionaran el control colonial de los Estados Unidos sobre Puerto Rico. Esa situación política se fue convirtiendo en tema de discusiones, preocupaciones y, en muchos casos, de desafíos. La respuesta de los Estados Unidos a esos retos fue la utilización de medios represivos para mantener el control colonial".[20]

El devastador huracán del 1928 fue seguido por el derrumbe de la economía norteamericana. Algo que parecía imposible sucedió; la situación general de la Isla empeoró. Al asumir la presidencia en 1933, F.D. Roosevelt, como pago a su ayuda a la campaña demócrata, nombró a Robert Gayes Gore gobernador de la colonia.[21] Como nos explica Luis M. Díaz Soler, en la incumbencia de Gore, que duró sólo cinco meses, "hubo 85 huelgas, se encontraron artefactos explosivos en Jájome y se anunció que otros serían colocados en la Fortaleza".[22] Gente del círculo de poder de los Roosevelt, como Ruby Black y Ernest Gruening, ayudaron a Luis Muñoz Marín, entonces miembro del Partido Liberal, a desacreditar en Washington la gobernación del floridano. La designación de un sucesor no se hizo esperar. En febrero de 1934 llegó a las costas de Puerto Rico el general retirado Blanton Winship, el nuevo gobernador de Puerto Rico.[23]

Franklin Delano Roosevelt (quien, como explicamos anteriormente, tenía conocimiento de primera mano de la importancia estratégica de la colonia) y su esposa Eleanor Roosevelt prestaron atención personal a Puerto Rico. Las serias condiciones de inestabilidad lo ameritaban. Dentro de los nuevos programas a los que hicimos referencia anteriormente, la administración de Franklin Delano Roosevelt creó para Puerto Rico la Puerto Rican Emergency Relief Administration (PRERA) para administrar el programa de obras públicas de la Federal Emergency Relief Administration (FERA). Para James Dietz la contribución más duradera de este programa fue el entrenamiento que se le brindó a núcleos de jóvenes en los campos de agrimensura, censos y otras destrezas importantes para el futuro de la Isla.[24]

Ninguno de los programas del Nuevo Trato pudo aplacar de manera determinante la precaria situación de Puerto Rico durante la década de los años treinta. La política interna era un reflejo de las serias divisiones que existían en la sociedad boricua. Mientras en Estados Unidos el país dio un respaldo relativamente sólido a las iniciativas liberales de los demócratas, en Puerto Rico se elegía a una coalición de partidos cuyo único interés común, aparte del deseo de ejercer el poder colonial, era el mantener lazos con los Estados Unidos en pro de una eventual consecución de la estadidad para la Isla. La Coalición no respaldaba al gobierno de Roosevelt ni a su Nuevo Trato. Implantar los programas federales ante esas circunstancias se convertía en un problema de por sí.

En 1934 llegaron las figuras de Carlos Chardón, Rexford Tugwell y Luis Muñoz Marín a dar un color distinto al ambiente sociopolítico insular. Eleanor Roosevelt hizo una visita de inspección a la Isla y

Carlos Chardón esbozó un plan de reorganización de la industria azucarera.

La propuesta, que vendría a conocerse como el Plan Chardón, fue del agrado de los nuevotratistas. Eventualmente, esta iniciativa dio paso a la creación de la Comisión Puertorriqueña de Normas. Por fin se veía un plan concertado para mejorar la condición paupérrima de la colonia. A espaldas de las corporaciones azucareras y las luchas internas de la política insular, se celebraron las vistas de la comisión en Washington DC. El informe de la comisión proponía entre otras cosas, "la reorientación de la economía mediante el desarrollo de industrias apropiadas, la reubicación de pequeños agricultores a tierras mejores y más productivas, la compra de por lo menos una central azucarera que debía operar el gobierno, y el aumento de la emigración".[25] El Plan Chardón partía de la idea de que el monocultivo de la caña había creado problemas graves a la economía insular, problemas que podían, y en cierta manera ya lo habían hecho, llevar al país a una hambruna. Sus recomendaciones formarían la base de lo que sería en muchos aspectos la estrategia de desarrollo económico de Puerto Rico hasta muy reciente en nuestra historia.

En respuesta a la Comisión Puertorriqueña de Normas y de su informe sobre el Plan Chardón, el gobierno de Roosevelt creó la PRRA (Puerto Rican Reconstruction Administration). A través de este programa se electrificó gran parte de la Isla. Se instauraron programas de reforestación, se instituyeron programas de erradicación de enfermedades, se mejoraron las viviendas rurales y se crearon industrias primarias para el desarrollo eventual de plantas procesadoras de alimentos. La PRRA logró por un tiempo limitado reducir, a través de sus programas, el desempleo. El secretario personal de Luis Muñoz Marín describe la implantación del Plan Chardón de la siguiente manera: "a pesar de todos los tropiezos de la burocracia administrativa, del papeleo, de los entorpecedores tecnicismos, de la sistemática y vehemente oposición de las fuerzas reaccionarias o conservadoras y hasta de las perjudiciales dilaciones del propio gobernador Blanton Winship para implementar el Plan Chardón, éste empezó a funcionar en el año 1935".[26]

El marco político insular de los años treinta fue tan tumultuoso como los cambios radicales que perseguían los líderes locales de la colonia. De estos años renace, con más fuerza que nunca durante el siglo veinte, el ideal de la independencia. Por primera vez un sector de la sociedad puertorriqueña propone abiertamente la lucha armada como mecanismo para conseguir la independencia. El enfrentamiento entre Winship y Albizu no auguraba esperanzas de calma. Albizu, irritado por la pobreza extrema que sufrían los puertorriqueños, declaraba que "para adquirir independencia económica dentro del coloniaje, hay que imponer la independencia política, por las armas si fuera necesario... Para garantizar su existencia como estado independiente tiene que nacionalizar su riqueza y no permitir que elementos extranjeros se adueñen de ella".[27] De estos años también surge con fuerza la figura que habría de dominar el mundo político isleño por varias décadas, Luis Muñoz

Marín.

Muñoz Marín, que se convertiría en el protegido de la administración Roosevelt, había declarado en 1931 que votaría por el partido cuyo programa tenía a la independencia como meta clara, el Partido Unionista, y votaría por Pedro Albizu Campos, el presidente del Partido Nacionalista Puertorriqueño.[28] Años después Muñoz Marín respaldaría la persecución de los mismos independentistas que apoyó públicamente en 1931. Resumiendo lo que fueron los últimos años de la década del treinta, Liebán Córdova concluye:

"La comidilla del pueblo la constituyeron el plan azucarero; la reforma agraria, económica y social; los bajos salarios de los obreros, los miserables jornales de las mujeres de la industria de la aguja;...el desempleo habitual y la terrible situación económica de aquel tiempo".[29]

La década del 40 no podía presentarse peor que los años treinta. Blanton Winship fue despedido, y por fin algunos de los programas del Nuevo Trato vendrían a beneficiar a Puerto Rico. El puertorriqueño no tenía otra manera de enfrentar el futuro que no fuera hallando una luz de esperanza en los años por venir, o hallar algo en qué fijarse fuera de sus fronteras y de su control, para olvidar su desaliento. Los aires de guerra, los submarinos que rondaban por el Mar Caribe, las bases militares que comenzaban a activarse y las canciones que hablaban de Alemania, Japón e Italia, ocuparían las mentes de muchos isleños que ya tenían acceso al invento de la época, la radio. La década del 1940 halló a los puertorriqueños abiertos a cualquier cosa que los sacara de la miseria y la incertidumbre de la peor década de su historia. Según Huertas González, "los años treinta se caracterizaron como años de violencia, desesperanza y pesimismo, mientras que los años cuarenta se caracterizarían por un período de transición a un nivel de desarrollo industrial capitalista".[30]

Los compositores puertorriqueños fueron el reflejo de su pueblo en y fuera del territorio insular; lo que el país padeció en los años de la Segunda Guerra Mundial.

Puerto Rico Ante La Guerra

La música popular puertorriqueña dio a la Segunda Guerra Mundial una importancia que nunca dio a otro episodio histórico anterior o posterior. Los eventos que antecedieron la invasión estadounidense de Puerto Rico y el desarrollo socioeconómico de Puerto Rico desde dicha invasión hasta los albores de la guerra fueron la causa de este fenómeno cultural. Antes de abordar tales consideraciones debemos recordar un hecho ya mencionado en este análisis, pero importantísimo, de la vida del que sería presidente de los Estados Unidos durante la guerra, Franklin Delano Roosevelt. En una época en la que el poderío naval definía las posibilidades imperialistas de una nación, Franklin Delano Roosevelt fue, en 1917, nombrado por el entonces presidente Woodrow Wilson, Subsecretario de la Armada de los Estados Unidos (Assistant Secretary of the Navy). A los 35 años, en medio de los eventos de la Primera Guerra Mundial, Roosevelt ostentaba el tercer puesto en la jerarquía de las fuerzas armadas de Estados Unidos. Todo lo que discutiremos a continuación, sobre la importancia estratégica de Puerto Rico para las ambiciones norteamericanas, era, de primera mano, del conocimiento del futuro presidente.

Las significativas transformaciones que se dieron entre las potencias globales durante el siglo diecinueve y principios del veinte, se reflejaron en el devenir sociohistórico de la Isla. Luego del cambio de soberanía, las fuerzas militares que dominaron a Puerto Rico dictaron la pauta de lo que habría de ser la colonia puertorriqueña para los fines norteamericanos. Más allá de convertir a Puerto Rico en el guardián del Mar Caribe y de su acceso al Canal de Panamá, las fuerzas armadas estadounidenses convirtieron a Puerto Rico en un proveedor, para todos los fines prácticos, incondicional, de soldados y personal de apoyo. A partir del 1898, la familia puertorriqueña, de todos los niveles sociales, aceptó y promovió en su seno el elemento militar.

En la obra *Historia Militar de Puerto Rico*, de Héctor Negroni, podemos constatar que Puerto Rico no ha sido eximido de los vaivenes bélicos de sus dos metrópoli.[31] El puertorriqueño ha sido soldado a favor y en contra de las dos potencias que han colonizado el país. En la época de la colonia española el soldado boricua defendió a la Isla de ataques de piratas y de invasiones de potencias europeas que reconocían la importancia geopolítica de Puerto Rico. Más tarde, y ya conformada la nacionalidad puertorriqueña, los criollos boricuas se unieron a las huestes de Simón Bolívar en América del Sur y a las fuerzas cubanas de Máximo Gómez y José Martí en contra de España. En Puerto Rico libraron su propia lucha (más civil que militar) de independencia; luchas que tuvieron su más resonante expresión en el Grito de Lares de 1868. A partir del cambio de soberanía, y desde los primeros días de la invasión estadounidense de Puerto Rico, los puertorriqueños han luchado de una manera u otra en todas las guerras e intervenciones militares estadounidenses.

Para Estados Unidos, ya en una época en que las tecnologías militares habían progresado de manera vertiginosa, Puerto Rico tendría una doble importancia estratégica. La Isla contaba con una localización geográfica excepcional y una población considerable con unas características únicas para ayudar en la consecución de los planes imperialistas delineados por la "doctrina Monroe" y por los escritos navales de Alfred T. Mahan.[32] Aunque Estados Unidos parecía mantener un aislacionismo estratégico, los eventos europeos no pasaban inadvertidos en los círculos de poder norteamericanos. En el viejo continente hasta países de reducida extensión geográfica y sin grandes ejércitos como Bélgica y Portugal reclamaban su parte en la fiebre imperialista de finales del siglo 19. Luego del derrumbe de la era napoleónica se dieron unos cambios que darían paso a un nuevo orden mundial. Para Paul Kennedy, autor de *The Rise and Fall of the Great Powers*, los factores decisivos para que tal transición se diera fueron "el crecimiento de la economía mundial, las fuerzas de producción desatadas como resultado de la revolución industrial, la relativa estabilidad europea, la modernización de las tecnologías militares/ navales y la naturaleza corta y limitada de las guerras que se dieron durante la época". Aunque Kennedy apenas le dedica unas pocas líneas en su obra a estas consideraciones, yo añadiría la influencia de los escritos de Alfred Mahan en los políticos, militares y comerciantes de la época.[33]

En *La Presencia Militar de Estados Unidos en Puerto Rico 1898-1918*, María Estades Font nos demuestra que el valor militar de Puerto Rico era incuestionable. Mucho antes de que Estados Unidos interviniera en la lucha de independencia de Cuba y de que la prensa Norteamérica, especialmente los periódicos de William Randolph Hearst, diera un color particularmente siniestro al dominio español sobre sus últimas colonias, Mahan planteaba que para optimizar su poderío militar Estados Unidos necesitaba tener control sobre "el Canal de Yucatán, entre México y Cuba, paso obligado para los barcos que salían del Río Misisipí ...el Paso de los Vientos, entre Cuba y Haití,.. el Paso de Anegada, junto a Santo Tomás... y el de la Mona, entre República Dominica y Puerto Rico". [34] Del análisis realizado por Estades se desprende que, por razones tácticas,

Mahan soslayó el valor estratégico de Puerto Rico para no revelar los planes de expansión estadounidenses en momentos en que Cuba libraba una guerra de independencia contra España. Luego de la invasión de las posesiones españolas en América y Asia, Mahan escribiría en *Lessons of the War with Spain* y citado por Estades: "sería muy difícil que un estado transatlántico llevara a cabo operaciones en el Caribe occidental si hubiese una flota de Estados Unidos basada en Puerto Rico e islas adyacentes". [35] Puerto Rico era, como lo demuestran los eventos posteriores, si no el objetivo principal, uno de los más importantes en el conflicto entre España y Estados Unidos.

Más allá del "destino manifiesto", la "doctrina Monroe" y la protección del Canal del Istmo y de los intereses comerciales, existía una razón importante y apremiante para ocupar a Puerto Rico permanentemente: el interés que Alemania tenía en la Isla.[36] Aunque para finales del siglo 19 la producción industrial de Estados Unidos era la mayor entre las potencias mundiales, en términos de tropas militares ocupaba el octavo lugar.[37] Un país en particular, Alemania, crecía con una determinación notable en todos los renglones. Para 1913, entre las potencias mundiales, sólo Rusia la superaba en población. Entrado el siglo 20 sus niveles de educación, condición social e ingreso per cápita eran los más altos de Europa. Su expansión económica no tenía paralelo en el mundo entero; y para gran preocupación de Gran Bretaña y Estados Unidos, su poder diplomático y sus intenciones imperialistas crecían a tono con su capacidad económica y militar.[38]

Con la construcción estadounidense del canal del istmo y la aparente neutralidad británica al respecto, el foco militar de Alemania en sus afanes imperialistas cambió de Gran Bretaña a Estados Unidos. Los ejercicios bélicos que se realizaban en sus academias militares visualizaban un posible ataque a la nación norteamericana, en crecimiento, pero aún débil en términos militares y, como establecimos anteriormente, en cohesión nacional. Según nos lo presenta Estades en su obra, Puerto

Rico formaba parte de una posible estrategia militar alemana contra Estados Unidos. En 1903 el almirantazgo alemán sometió un plan de ataque a los Estados Unidos que contemplaba "la ocupación inicial de Culebra, seguida por la de Puerto Rico, una vez que la armada norteamericana hubiese sufrido una primera derrota".[39] Este plan fue aprobado por el emperador alemán. Los acontecimientos posteriores evitaron que tal conflicto se diera. Alemania se vio forzada a concentrar sus fuerzas en Europa a causa del ambiente hostil que sus ambiciones imperialistas habían creado entre las potencias vecinas. Aun así, y como muestra de poder, Theodore Roosevelt, convencido de las intenciones bélicas de Alemania movilizó la flota norteamericana en la zona de Culebra.[40] No sería hasta 1942, con la incorporación norteamericana a la Segunda Guerra Mundial, que la amenaza alemana llegaría a las aguas del Caribe y jugaría un papel serio en las condiciones económicas y sociales de Puerto Rico; hecho que influyera en la cancionística puertorriqueña de la época.[41]

Como se desprende del interés alemán por

Puerto Rico, y anteriormente el interés de otras naciones que pretendieron invadirla, la localización geográfica de la Isla tuvo una gran una importancia estratégica para el poderío de naval de España hasta el cambio de soberanía y luego hasta finales de la Guerra Fría para Estados Unidos.[42] Aparte del valor geográfico de Puerto Rico, el factor humano cobró mayor importancia con la llegada de los norteamericanos y las ambiciones imperialistas de la joven nación. Para fines del siglo 19 Puerto Rico contaba con una población grande para su extensión territorial. Desde la época de Jefferson ya existían planes de expansionismo estadounidense hacia el Caribe y el resto del hemisferio.[43] Con la "doctrina Monroe" y las teorías navales de Alfred Mahan, añadir súbditos significaba aumentar la disponibilidad de soldados. En 1899 la población total de Puerto Rico era de 953,243 personas.[44] Para esa misma época sólo 25 de los 45 estados de la unión americana tenían una población mayor que Puerto Rico.[45] A esa realidad hay que sumarle el hecho de que la población de los estados con más crecimiento, cómo explicamos anteriormente, estaba compuesta por una gran cantidad de nuevos inmigrantes que aún no se sentían estadounidenses. Con el cambio de soberanía el militarismo arropó a Puerto Rico. La marcha que llevó al ejército invasor a través de la Isla, "sin enfrentar mayor resistencia militar, y con la cooperación de partidas de criollos" fue el preámbulo de lo que vendría a ser la mayor parte del siglo veinte puertorriqueño: un siglo en el que el gobierno insular respondería a los intereses militares de Estados Unidos.[46] Ya para 1901 se había establecido en los terrenos del Castillo del Morro en San Juan, el Porto Rico Provisional Regiment of Infantry, el primer regimiento organizado de militares puertorriqueños al servicio del ejército de los Estados Unidos. Este regimiento se movería luego a lo que vino a llamarse Camp Las Casas en Santurce. Para 1908 Camp Las Casas era el principal centro de entrenamiento de soldados puertorriqueños. Al no ser éstos aún ciudadanos estadounidenses por nacimiento debían hacer su juramento de ciudadanía estadounidense antes de recibir su comisión militar, no sin antes ser sometidos a rigurosos exámenes físicos. Tras su ingreso en el ejército estadounidense estos soldados puertorriqueños estuvieron expuestos, desde el principio, a los prejuicios raciales vigentes en la sociedad norteamericana. Por primera vez en sus vidas tuvieron que designarse a sí mismos miembros de una u otra raza porque en ese primer regimiento los soldados fueron segregados entre negros y blancos. Eventualmente y en respuesta a la resistencia de los soldados boricuas a la segregación (a diferencia de lo que sucedía en Estados Unidos), el regimiento puertorriqueño, segregado dentro del total de las fuerzas armadas norteamericanas, pudo evitar la segregación racial en sus filas. Aquellos que más tarde fueron asignados a unidades no puertorriqueñas fuera de la Isla, como fue el caso del compositor Rafael Hernández y del futuro líder nacionalista Pedro Albizu Campos, sí tuvieron que acatarse a la segregación racial del ejército norteamericano.[47]

El 2 de marzo de 1917 a los puertorriqueños se

les impuso, con el Acta Jones, la ciudadanía estadounidense. Un mes después Estados Unidos había declarado la guerra a Alemania y ya para mayo de ese mismo año el ejército había reclutado a 1,969 nuevos soldados boricuas. En mayo 17 del 1917 el Porto Rico Regiment of Infantry salió a defender el Canal de Panamá.

Antes y durante la Segunda Guerra Mundial, para los estadounidenses había dos frentes de guerra: el frente de la guerra como tal, en el escenario oriental y el escenario occidental y el frente interno que discutimos anteriormente. Los puertorriqueños, además de compartir el frente militar como soldados del ejército de Estados Unidos y el frente interno como miembros de la diáspora puertorriqueña en suelo norteamericano, también tuvieron su muy intenso frente isleño.

Apuntes Sobre La Canción Popular

En un país de decimistas como Puerto Rico no es de sorprendernos que en los campos de la Isla y en las colonias boricuas de los Estados Unidos se escribieran y cantaran décimas alusivas al tema de la Segunda Guerra Mundial. No sería osado imaginar que hasta hubo encuentros de trovadores cuyos "pies forzados" giraran en torno a los problemas y eventos de la época del conflicto global.[48] Aunque la canción folclórica es, por ser canción de las masas, canción popular, en este análisis el término "canción popular" llena unos criterios distintos. Estos criterios se ajustan a las condiciones socioeconómicas de los años de la Segunda Guerra Mundial.

Para el musicólogo Phillip Tagg, la música popular, a diferencia de la música de arte, es:

"concebida para ser distribuida masivamente a grupos amplios, frecuentemente heterogéneos socioculturalmente; almacenada y distribuida de manera no-escrita; solamente posible en una economía de mercado en donde se convierte en un bien de consumo y, en las sociedades capitalistas, sujeta a las leyes del libre comercio, en las cuales se espera que se venda lo más posible de lo menos posible a cuantos sea posible".[49]

La música popular, según esta definición, puede ser instrumental o cantada. Si tiene letra, es cantada con el propósito de llevar un mensaje dirigido a las masas a las que se les intenta vender el disco, la programación radial, o la presentación personal o filmada del intérprete. Antes de la invención del fonógrafo, la música popular era aquella que de alguna manera llegaba a los oídos del pueblo y se transmitía a través de la memoria colectiva. En una entrevista que le hiciéramos a Agustiné Vélez, coleccionista de discos y estudioso de la música popular latinoamericana, definió la canción popular como "lo más elemental, es la que canta el pueblo, la que se queda en el pueblo..., es la canción del momento que se vive cuando sale la canción y es popular por orden del pueblo. La que todos cantan. Canción popular es aquella que ya después de la segunda vez que tú la oyes se te quedó pegada, ya sea un verso, una estrofa, una melodía... Es para consumo inmediato, y es la que nos tocó en la fibra más íntima".[50]

Para Pedro Malavet Vega, historiador de la música boricua, "la música popular es un elemento esencial en la vida de un pueblo. Podría decirse que la música es reflejo del alma del pueblo".[51] Por esta misma línea de pensamiento, Tagg añade, que la música popular es "capaz de transmitir la identidad afectiva, las actitudes y los patrones de conducta de grupos socialmente determinables".[52] Malavet Vega distingue a la música popular de esta manera:

"El concepto "música" es un término genérico abarcador que usamos para denominar la combinación de los sonidos y los silencios. Dentro de ese concepto general incluimos hoy tres manifestaciones definidas cuando usamos el vocablo con apellido. Y así tendremos música folclórica, culta o de arte y popular. Dentro de la música popular y folclórica debemos distinguir la que es sólo manifestación instrumental y la que se acompaña con un texto generalmente poético. Esta última la conocemos como canción".[53]

Para el comunicólogo chileno Mariano Muñoz Hidalgo, la canción popular es "un fenómeno textual verbal, vehiculizado por la música y por la interpretación o canto" cuyo "análisis letrístico la convierte en un recurso para el estudio de la historia cultural".[54]

Para los fines de este trabajo canción popular es aquella pieza musical con una duración promedio de 2 a 5 minutos, que posee lírica o texto, que, cantada, ha sido grabada y prensada en disco (tomando en cuenta el período histórico del trabajo), difundida a través de la radio, el cine o la televisión y puesta a la venta para el público consumidor. Partiendo de esta definición analizaremos, dentro de la canción popular producida en Puerto Rico o fuera de Puerto Rico por puertorriqueños o para el mercado puertorriqueño, un escogido de canciones cuyas letras abordan de alguna una manera el tema de la Segunda Guerra Mundial. Estas canciones fueron grabadas y difundidas en un período que va desde el 1938 hasta finales de la Segunda Guerra Mundial.

La Canción Popular En Puerto Rico 1900-1938

Como resultado de la Guerra Hispanoamericana, con la invasión norteamericana, llegó a la Isla un nuevo idioma. También llegaron costumbres diferentes, nuevas opciones y obligaciones. La Isla pasó a ser parte de la economía estadounidense. En *Historia Económica de Puerto Rico,* James Dietz apunta que para finales del siglo 19 la economía insular "había comenzado un desarrollo autóctono...que comenzaba a convertirse en una fuerza importante de cambio y progreso...".[55] Añade Dietz que "lo que lograron la invasión y el capital norteamericanos fue acelerar ese cambio y orientarlo hacia los intereses de Estados Unidos".[56] Dentro de las posibilidades capitalistas que surgieron a principios del siglo veinte, la música, por medio de las nuevas tecnologías de grabación y reproducción se convirtió en un bien de consumo masivo.

Según lo resume Tagg, el siglo veinte trajo consigo, entre otros, los siguientes cambios al mundo del entretenimiento y la música:

"un crecimiento amplio en la tajada que la música obtiene en el presupuesto de tiempo y dinero de los ciudadanos de las naciones industrializadas; cambios en las estructuras sociales que dan paso a la creación de grupos socioculturalmente definidos, como los jóvenes, que estudian o están desempleados, en el espacio entre la niñez y la adultez, en busca de una identidad colectiva; avances tecnológicos en las técnicas de grabación que permiten, por primera vez en la historia, el almacenamiento fiel de sonidos; la transistorización de equipos para diseminar masivamente el sonido; el desarrollo de nuevos medios audiovisuales como el cine, la televisión y la publicidad; el estancamiento de la música clásica en las formas del pasado; el reemplazo gradual de los músicos con educación formal con preferencias clásicas por otros que, además de poseer el conocimiento musical tradicional, crecían con la influencia de la música popular ".[57]

Aunque la máquina grabadora de sonidos se

había inventado en 1877, todavía a finales del siglo 19 su potencial comercial no había sido explotado. En 1896 los primeros fonógrafos fabricados para el mercado de entretenimiento de las masas fueron presentados por las compañías Columbia y Edison. En unos años el nuevo producto de comunicación masiva ya se había establecido en gran parte del planeta. Con el fonógrafo había nacido la industria discográfica. Para 1900, las ventas de discos y cilindros con contenido sonoro en Estados Unidos se estimaban en unas 30 millones de copias anuales.[58] La complejidad de la industria discográfica en sus albores sólo era superada por el potencial de ganancias que representaba si se llegaba a lograr la masificación del tocadiscos doméstico. En las ciudades del noreste de Estados Unidos existían grandes colonias de inmigrantes recién llegados que preferían, por no haberse integrado aún al idioma y la cultura norteamericana, escuchar música con la que se pudieran relacionar. Nos señala el musicólogo Cristóbal Díaz Ayala que en los mismos comienzos de la comercialización del producto discográfico un sólo fabricante, Gramophone, tenía que contar con 5,000 productos diferentes.[59] En Estados Unidos, entre 1893 y 1942, se hicieron grabaciones en 50 idiomas y dialectos.[60]

A pesar de la precaria condición social en la que se encontraba Puerto Rico como colonia española antes de la invasión norteamericana, existían, aun en los pequeños pueblos del interior, escuelas de música, orquestas, conjuntos típicos y bandas municipales. En el pueblo de Fajardo, Francisco Duchesne combinaba su oficio de barbero con su cargo de director de la Banda Municipal. En Cayey, otro Duchesne, Ángel, además de ser el propietario del cine del pueblo, era director de la Banda Municipal. Al parecer en los círculos musicales de Nueva York se conocía desde muy temprano en el siglo XX que Puerto Rico contaba con muchos músicos que dominaban la notación musical. El 2 de marzo de 1917 la Ley Jones impuso a los puertorriqueños la ciudadanía estadounidense. No había cumplido un mes la Ley Jones cuando se instauró en Puerto Rico la conscripción de los nuevos ciudadanos americanos para servir en el ejército norteamericano en la Primera Guerra Mundial. En el contexto del conflicto bélico, el director de orquesta afroamericano James Reece Europe (Jim Europe), luego de ingresar al regimiento segregado (compuesto por norteamericanos negros) de la Guardia Nacional de Nueva York, recibió la encomienda de crear "the best damn brass band of the United States Army" (la mejor maldita banda de vientos del ejército norteamericano). Europe se topó con la realidad de que no había suficientes músicos negros con educación formal de notación en Nueva York para formar la orquesta que le pidieron. Para sorpresa de su comandante anglosajón William Hayward, Europe sugirió que reclutaran soldados músicos de Puerto Rico. Así, con el propósito de integrarse a una orquesta militar, llegó la primera oleada de músicos puertorriqueños a Nueva York. Entre los reclutados por Europe se encontraba quien eventualmente se convertiría en el compositor emblemático de la canción popular puertorriqueña, Rafael Hernández Marín.[61]

Díaz Ayala nos dice en su obra *San Juan -New York: Discografía De La Música Puertorriqueña 1900-1942*, que ya para el 1909 dos puertorriqueños, Gracia López y Jorge H. Santini, habían grabado para la casa disquera Edison.[62] Aunque estos artistas eran cantantes operáticos, sus grabaciones contenían los géneros puertorriqueños típicos de la ruralía; el aguinaldo, la guaracha, y el seis chorreao. También grabaron las danzas de la alta sociedad boricua. Temprano en la historia de la comercialización de la música grabada, la compañía Edison estaba ofreciendo productos para el mercado puertorriqueño. Por su parte, la compañía Columbia, decidió, en 1910, enviar a un equipo técnico a Puerto Rico para hacer sus propias grabaciones de la música isleña. Una sola orquesta, la de Domingo Cruz (Cocolía), grabó 54 números, casi todos danzas.[63] La casa disquera Victor, llegó al mercado boricua en 1917. Entre las orquestas y artistas que grabaron en esa primera grabación de la Victor en suelo boricua (en cuatro días de intenso trabajo musical) se encontraban las siguientes: Manuel Tizol, la Banda

Municipal de San Juan, la Banda del Regimiento de Puerto Rico, la Orquesta de Rafael Hernández, el Trío de Germán Hernández, Francisco Quiñones (el Paisa) y la Orquesta de Arguinzoni.[64] Hubo una disquera de capital boricua, Marvela, de Juan Martínez Vela, que produjo unos 40 discos antes de que en 1942, por motivo de la Segunda Guerra Mundial, tuviera que entregar sus facilidades al ejército norteamericano.[65]

La importancia de la música para el pueblo puertorriqueño debió haber sido muy aparente para los nuevos regentes del destino de la Isla. Luego de que el congreso norteamericano le impusiera la ciudadanía estadounidense a los boricuas y se instaurara el servicio militar en Puerto Rico, se organizó "un concurso para escoger una marcha cuyos aires militares estimularan a nuestros soldados a la lucha".[66] En *La Guerra Y Yo*, Francisco Rivera Lizardi añade que la marcha que obtuvo el segundo lugar, *Canción del Soldado,* escrita en 1917 por Eustaquio Pujols, se propagó por la Isla para convertirse en la canción puertorriqueña de la

Primera Guerra Mundial. Según el músico Ernesto Vigoreaux la dictó a Rivera Lizardi, la letra de esta marcha era la siguiente:

Borinqueños, marchemos adelante,
que hasta Francia tenemos que llegar
dando vivas al pueblo americano
por su emblema de paz y libertad.
Poco a poco, sin nada de alboroto
hasta cuando tengamos que pelear,
demostremos que nuestras bayonetas
a teutones tendrán que derribar.
Hacia Berlín, hacia Berlín...
A combatir ese teutón.
Allí pelear hasta lograr su rendición.
Hacia Berlín,
Hacia Berlín...
Pero siempre marchemos con paso así:
One, two, three, three, four
One, two, three, three, four
Con la elegancia de un militar
que sabe marchar con su fusil.
Siempre marchemos con paso así:

One, two, three, three, four
One, two, three, three, four...
Adiós, Borinquen
Patria querida.
Voy a defender tu libertad tu porvenir.
Por tu honor combatiré hasta vencer o allí morir.[67]

Sobre la *Canción del Soldado* una nota del periódico El Mundo del 18 de diciembre de 1944 relata:

"Durante la pasada conflagración mundial, se consideró necesario que nuestras tropas tuvieran su marcha, y entonces se celebró un concurso y se estableció un premio, acudiendo varios de nuestros compositores. Entre las marchas sometidas el compositor ponceño Eustaquio Pujals sometió su *Canción del Soldado*; sin embargo, no conquistó el primer premio. La marcha premiada por el jurado resultó ser *Llanto de una Estrella*, de Balseiro....Pero un día el comandante Parra llamó al Campamento Las Casas al compositor Eustaquio Pujals, de quien era íntimo, y le dijo más o menos las siguientes palabras: "Caray Eustaquio, yo sinceramente creo que tu canción es la que ha debido llevarse el premio, porque esa es la que más se pega al oído y es la que los soldados van a seguir cantando...Tráete acá la guitarra y tócala a ver qué efecto hace"... Poco a poco en los alrededores del cuartel del comandante Parra fueron reuniéndose soldados, y al terminar Eustaquio su canción le tributaron un cerrado aplauso de aceptación....Y desde ese momento se consagró entre las tropas portorriqueñas... la que adoptaron espontáneamente como su himno de guerra".[68]

Esta letra es un reflejo de la ironía que representaba la nueva condición política de los puertorriqueños. Por un lado, se canta una canción en dos idiomas y, por otro lado, se establece una tendencia, que veremos más tarde, de presentar a las causas militares norteamericanas como causas puertorriqueñas. Según esta marcha, la patria que se defiende es Puerto Rico; se defiende su libertad, su honor y su porvenir. Habría que ver quién estuvo a cargo de escoger la canción ganadora de este concurso y ver la traducción, si la hubo, que se le presentó al personal militar norteamericano que regía en la Isla.

Al compás de *La Canción del Soldado* viajaría hacia Nueva York y luego hacia Europa el compositor Rafael Hernández. A raíz de su participación en la Primera Guerra Mundial compuso su famosa canción *Oui Madame*. Como se puede apreciar en la *Canción del Soldado*, el escenario francés fue muy importante en esta guerra. En *Oui Madame*, un hombre (se presume que un soldado) boricua describe su encuentro amoroso con una francesa a la que sólo puede decir la única frase que domina en francés "oui, madame". La tendencia que pautó Rafael Hernández, de dar importancia tanto a la letra como a la melodía, y en el texto dibujar de forma poética y, sobre todo, comercial, la realidad prevaleciente del mercado al que se dirigía su música continuaría lentamente propagándose hasta convertirse en la forma puertorriqueña de hacer canciones.

Entre el comienzo del siglo veinte y el 1938 se grabaron en la isla de Puerto Rico (San Juan), según la discografía compilada por Díaz Ayala, 337 temas musicales. La gran mayoría de estos temas fueron interpretados instrumentalmente por orquestas como la de Manuel Tizol y Luis R. Miranda. El género que más se grabó durante estos años fue la danza. Para una población como la de Puerto Rico que para 1937, incluyendo a los que vivían en Nueva York, rondaba por el millón y medio de habitantes, de los cuales 1,300,000 vivían en la zona rural, Puerto Rico contaba con una explosiva producción musical.[69] En 1930 Nueva York tenía una población boricua de 55,000 personas .[70] Antes del 1928 ya habían sido grabados 445 temas dirigidos a la población puertorriqueña insular y neoyorquina.

Para difundir esa cantidad inusitada de música, que consolidó nuestra esencia cultural, se transmitió el 2 de diciembre de 1922 el primer programa de radio que se escuchó en esta parte del Caribe, a través de WKAQ. Poco más de una década más tarde las reproductoras de música por monedas (velloneras) hicieron su aparición en los bares y clubes a los que la electricidad había llegado. Ya no había que tener un tocadiscos para escuchar música; con un radio o con unas monedas la música llegaba.

La Canción Popular Puertorriqueña

La canción popular de Puerto Rico es la canción de los puertorriqueños dondequiera que éstos se encuentren. Durante la primera mitad del siglo veinte se escribió y se grabó más música boricua o para boricuas en Nueva York que en Puerto Rico. Sin embargo, la temática de las canciones, con unas obvias excepciones, puede ser aplicable a la sociedad boricua que se quedó y a la que emigró, porque la música se convirtió en el puente que mantuvo a los puertorriqueños unidos en la distancia. Al analizar la temática de las canciones grabadas antes de la Segunda Guerra Mundial vemos que, en la Isla, o en Nueva York, las inquietudes, las actitudes y las formas que se reflejan en nuestra canción popular son básicamente las mismas. La diáspora, el puente Nueva York-Borinquen, creó lo que muy bien puede ser la producción discográfica de música patriótica más amplia del repertorio latinoamericano. A diferencia de otros inmigrantes en la ciudad de Nueva York, el puertorriqueño siempre tuvo la esperanza de volver a su Isla. Eso es algo que se deduce fácilmente de la canción popular que produjeron sus muchos compositores durante la primera mitad del siglo veinte.

Para llevar a cabo este análisis, dividí los temas de las canciones populares(según la discografía recopilada por Díaz Ayala) que se grabaron y difundieron desde 1900 hasta comienzos de la Segunda Guerra Mundial, en seis categorías: romántica, patriótica, sociocultural, temas de picardía, folclórica y temas varios. Por no tener la letra de todas las obras para verificar su contenido, tomaremos los títulos como base para la asignación a categorías en los casos en que los títulos den un obvio atisbo de la letra de la canción. Tomaremos en cuenta canciones con o sin letra por el hecho de que lo que nos interesa es ver qué temáticas motivaban, aun para los títulos de las piezas instrumentales, a los compositores y músicos de esa época de nuestra historia. Además de las categorías evidentes como lo son las de temática romántica, de picardía (alusiones sexuales, doble sentido, irónicas), patriótica y folclórica y de tema sociocultural, he añadido, en la categoría de temas varios, composiciones cuyos títulos nos presentan canciones dedicadas a países, personalidades de la época o al acontecer internacional, en fin, todo lo que no se cubre en las clasificaciones anteriores.

De Lo Romántico A La Picardía

Indiscutiblemente el texto romántico, que canta al amor entre parejas, es el tema por excelencia en la canción popular del mundo occidental, y muy posiblemente del mundo entero. Lo que sorprende sobre la música puertorriqueña de las primeras cuatro décadas del siglo veinte es la gran cantidad de canciones populares que no son románticas. La canción de picardía que, para fines de esta tesis, es aquella canción de ritmo rápido y bailable, con un tema jocoso que puede hacer referencias sexuales (lo que hoy llamamos "doble sentido"), constituye el 17% de las canciones grabadas entre 1929 y 1938. Entre 1900 y 1928 el porcentaje de canciones de picardía fue un 9%. Sólo la canción pícara mostró una marcada diferencia porcentual entre las dos épocas históricas. La razón para tal disparidad puede residir en que las tendencias culturales y migratorias cambiaron entre las dos épocas y, aunque el balance migratorio no había venido a dispararse hasta la década del 1940, ya había un intercambio cultural considerable entre

Nueva York (mayormente) y los puertorriqueños de todas partes de la Isla. Para la década del treinta, aquellos músicos pioneros que marcharon, algunos por la vía militar, a la ciudad de Nueva York estaban asimilando nuevas tendencias no sólo musicales sino socioculturales. El Puerto Rico, señorial y españolizado de los reducidos centros urbanos de principios de siglo daba paso a un mundo moderno y, sobre todo, moralmente más liberal. Además, escribir e interpretar sátira política y social era más fácil cuando se grababa en un país con otro idioma en el que los puertorriqueños no eran más que un microcosmos en la ciudad más grande del mundo. Díaz Ayala resume de la siguiente manera el fenómeno de la canción patriótica, de denuncia o, añado yo, de fuerte contenido erótico grabada en Nueva York: "...era más fácil grabar estas cosas en estudios de grabación, donde normalmente no había personas que hablaran español, que en San Juan, donde posiblemente el agente local del sello disquero, hubiera objetado esas grabaciones".[71] Luego, y citando a Pedro Malavet Vega, añade Díaz

Ayala que "allí se cantaba la historia; pero en Puerto Rico se estaba haciendo la historia". Para dar un ejemplo de la importancia de la temática pícara boricua y caribeña de las grabaciones puertorriqueñas del primer tercio del siglo veinte usaré al grupo de plenas Los Jardineros. Los Jardineros no era un grupo organizado; era más bien un escogido de artistas que se reunían para grabar en Nueva York y suplir discos originales para la tienda que el comerciante Arturo Cátala tenía en San Juan.[72] El grupo Los Jardineros fue una idea comercial de Arturo Cátala que buscaba producir canciones pegajosas y de fácil venta. La canción pícara, especialmente en el Caribe, siempre ha sido la canción comercial por excelencia. En una canción cuya letra es cómica y cuyo ritmo es bailable; no es necesario que la calidad musical o vocal sea excelente, el tema, la melodía y el ritmo son los protagonistas. Entre 1929 y 1931 Los Jardineros grabaron 110 discos para el sello Okeh.[73] De las 34 canciones que grabaron en 1929, 15 son temas de picardía. Comenzaron a escucharse a través de las ondas radiales de Puerto Rico temas como *Mi Mulata Lo Menea, El Que No Quiere Caldo, El Hombre Y La Mujer, El Trigémino, Bola Y Bate*; canciones de clara connotación sexual, y canciones que satirizaban la realidad del momento, los personajes pueblerinos o las situaciones hogareñas, como *La Leche Del Nene, El Hípico Chiflado, Los Embusteros*. En 1930, de 60 canciones grabadas por Los Jardineros, 34 eran temas de sátira de todo tipo o canciones de doble sentido. Se cantó a los norteamericanos de forma no tan halagadora como en *El Tío Satán*, y de buena forma como en *Papá Roosevelt*, dedicada a Theodore Roosevelt Jr., gobernador de Puerto Rico de 1929 a 1932. Esta canción resume lo que para su compositor Pedro Berríos era la imagen del gobernador al momento de la grabación de la canción en 1930.

Lo mismo grande que chicos
llenos de satisfacción hablan con ese señor
lo mismo el pobre que el rico.
A salvar a Puerto Rico
de su triste situación ahora el trabajador
que se halla tan abatido grita con gran

regocijo
ha llegado el salvador.
Es un hombre popular habla bien el español
y defiende al trabajador sin tirarle al capital.
Es un hombre militar goza de gran simpatía.
Qué mucha falta aquí hacía
que llegara ese señor
a salvar la situación
de Borinquen patria mía.
A él nadie le ha contado cómo se halla Puerto
Rico
porque él todo lo ha visto
y de todo está informado.
Él anda a pie y a caballo, anda de noche y de
día
y con mucha simpatía habla con los
campesinos
que en grupos en los caminos gritan llenos de
alegría.
Él ha tocado la puerta del humilde campesino
y otros donde él han venido y han entrado a
Fortaleza.

> *Hoy Puerto Rico se encuentra*
> *con orgullo y con amor porque tiene un defensor*
> *que ni enviado del cielo. Grita Puerto Rico entero:*
> *Qué viva el gobernador.* [74]

También se les canta a los personajes pueblerinos en las canciones *El Vividor* y *Saca La Lengua Toribio,* y a las nuevas tendencias urbanas en *Jala La Cadena,*

> *(Hala la cadena, hala la cadena*
> *hala la cadena porque la casa se te envenena...*
> *Debe tener buen cuidado*
> *de no comer berenjena*
> *paque no pases el día*
> *pegado a la cadena.*
> *A la hora de acostarte si tu esposa está de buenas*
> *debes siempre recordarle*
> *que te agarre la cadena)*

y *Toma Jabón Pa Que Laves,* y al sexo, en el doble sentido de canciones como *Los Sufrimientos De Un*

Catre, Repícame Los Timbales, La Carabina De Ambrosio, El Camisón De Pepa y *Como Se Monda La Caña*. En la canción *Se La Voy A Descoser*, compuesta por Fausto Delgado y grabada en Nueva York en 1931, aunque los intérpretes aparentan hablar de una pelota de béisbol (hecha de cuero con costuras muy emblemáticas) no hay que hacer mucho esfuerzo para entender el "otro" significado implícito de la canción:

Si hubiera un team afamado un gran desafío haría .

Avisa la negra mía que tiene uno preparado a ella siempre le ha gustado el de la fama vencer.

Esto tú lo vas a ver cuando tires tu curvita.

Prepara tu mulatita te la voy a descoser.

Si la curva no te agrada muy recto te va a pichar

como quiera que lo haga más nunca deba trucar.

Un strike te va ella a dar que nunca lo vas a ver.

Todo podrá suceder pero tú servir qué broma
y si le engancho la bola se la voy a descoser.
No te vayas a llenar de gloria porque paleaste.
Después que yo cojo el bate no hay bola que
voy a pasar
No te las vengas a echar que muy bien puedes
perder
Eso tú lo vas a ver ferviente curva caliente
pero siempre ten pendiente te la voy a
descoser.

Esta tendencia continuaría hasta el presente, en la música navideña y en los ritmos bailables de los 70 y 80, hasta los géneros urbanos del siglo 21.

El Tema Sociocultural

Aunque muchas de las canciones de corte pícaro y patriótico-folclórico también tienen que ver con el aspecto sociocultural, para fines de este análisis el tema sociocultural en la canción popular boricua es aquel que mira hacia alguna particularidad de la sociedad puertorriqueña en o fuera de la Isla de una manera crítica, o que presenta cierta afirmación o punto de vista en cuanto al estado de la sociedad y sus componentes. La canción con tema sociocultural canta a la política, los criterios morales y las tendencias sociales del momento en que se difunde la canción. Nos presenta al Puerto Rico del primer tercio del siglo veinte, cuando la nación se dividía entre los boricuas de la Isla y los que se integraban a la diáspora hacia la metrópoli.

La situación social de Puerto Rico entre 1900 y 1928 era tan desesperante que en la canción popular el tema sociocultural, de denuncia y afirmación, equiparaba al tema de picardía y superaba a la temática folclórica y patriótica. Sólo hay que ver el texto de *Mi Patria Tiembla*, escrita por Rafael Hernández y grabada en 1928 por su Trío Borinquen, para notar el abatimiento del autor por la condición de su patria:

Mi patria tiembla
Mi patria tiembla. Yo sé por qué,
nadie más sabe.
Es un misterio que en ella se encierra,
y que nadie podrá adivinar,
si no los buenos patriotas
que hace tiempo murieron por su libertad.
Ay sí, por su libertad.
Aquellos nobles patriotas
que yacen en sus tumbas frías
no han muerto, no.
Y al ver las infamias y tiranías
parece que quieren su patria salvar.
Y siendo imposible se muestran rebeldes,
agitan sus tumbas,
se sienten temblar.
Pues ellos prefieren Borinquen se hunda
antes que ser esclava se la trague el mar.

Puerto Rico era una sociedad sometida a nuevos estímulos en todos los aspectos. Antes de la invasión norteamericana, sólo los miembros de la pequeñísima burguesía existente podían darse el lujo de viajar fuera de la Isla. Ahora, la nueva metrópoli, con sus aventuras bélicas, requería el servicio militar de los puertorriqueños, y la recién adquirida ciudadanía permitía que personas de clases sociales menos privilegiadas de la Isla, emigraran a buscar fortuna en los Estados Unidos. Por otro lado, los comerciantes norteamericanos querían desarrollar el mercado isleño para sus productos.[75] A los que se fueron a hacer música a Nueva York, como Fausto Delgado, se les hizo posible comprar un automóvil marca Ford y escribir una canción al respecto. En el 1929 Fausto Delgado estrenó su tema *Fausto Y Su Ford*. Los que se quedaron en la Isla como el compositor Felipe R. Goyco (Don Felo) también pudieron hacerse de un carro, o soñar con la posibilidad de adquirir uno, y escribir, según lo hizo él en 1932, canciones como *Mi Carro Te Espera*. El desarrollo de San Juan y su creciente infraestructura se hacían latir en canciones como *El Acueducto* y *San Juan Sin Agua*, difundidas en 1929 y escritas por J. Hernández y C. Díaz Soler, respectivamente.

Las tendencias sociales de la época eran tema para los compositores. La integración de las mujeres a la fuerza laboral y, los cambios que esto produjo en sus funciones, poderes y responsabilidades dentro del núcleo familiar, fueron reseñados en la canción popular. En el 1929 Manuel Jiménez (Canario) escribe y canta *La Moda* y en 1931 Rafael Hernández escribe *Consejo A Las Mujeres*. En 1936 el Trío Del Valle interpretaba en las radiolas *La Mujer Ya Es Marido*. Estas transformaciones actitudinales en la sociedad hicieron posible que Felipe R. Goyco describiera en una canción a un nuevo elemento del diario vivir sanjuanero *El Gigoló*. La vida y la cultura de los isleños estaba cambiando considerablemente y aunque existía un plan para que los puertorriqueños asimilaran la cultura y el idioma de los norteamericanos, la nacionalidad puertorriqueña se resistía a la integración acaso con mayor fuerza que nunca. Por los años 30, Sixto Escobar y Pedro

Montañez se convertían en los primeros dos grandes deportistas puertorriqueños de nivel internacional, y canciones como *Escobar y Montañez*, de Carmelo Rosado, escrita en 1936, reflejaban el orgullo boricua. En Nueva York la diferencia sociocultural era evidente. Los hispanos, especialmente los puertorriqueños, ya se dejaban notar y, como siempre sucede cuando una minoría étnica va creciendo, el prejuicio contra los recién llegados afloraba. En 1937, Johnny Rodríguez interpretaba la composición del cubano Eliseo Grenet *Spic and Spanish* en obvia alusión al nombre peyorativo (spic) que se les daba, y sigue dando, a los hispanos en Estados Unidos, en especial a los puertorriqueños.

El contacto con una sociedad moderna e industrializada puso al puertorriqueño de Nueva York, al jíbaro que se movía a San Juan y al boricua que ingresaba en el ejército norteamericano, frente a males sociales que no existían en los campos de la Isla. Ya para el 1921 Manuel Tizol nos habla en sus canciones de *La Mafia* y en 1937 Davilita cantaba la canción *Humo De Opio*. En 1933 Pedro Berríos interpretaba con la orquesta del cubano Enrique Bryon, *El Marihuano* y la Orquesta Don Rafael, que Díaz Ayala sugiere que puede ser de Rafael Hernández, interpreta en 1934 el tema *Marahuana* (sic).[76] Para los mismos años la Orquesta de Paco Duclerc, en San Juan, grabó el pasodoble *Abajo La Prohibición* y en el 1929 Los Reyes de la Plena graban *La Prohibición Nos Tiene*.

El tema de la depresión económica de los años treinta tampoco se escapa del repertorio de nuestros compositores. En 1931, Pedro Flores nos la explicó (la Gran Depresión) en su canción *Con La Mala Situación*. También lo hizo, en 1932, la Orquesta Briceño con el tema *En Nueva York Sin Trabajo*. En 1930 el grupo de plena radicado en Nueva York, Los Jardineros, cantan la ya mencionada canción a *Papá Roosevelt* y Francisco Carballo escribe *Mantengo*, *El Treinta Y Tres En Huelga* y *El Politiquero*. En 1935 una plena de Canario nos cantó su visión del programa de ayuda a indigentes del estado de Nueva York El *Home Relief*:

Yo no puedo vivir, yo no puedo vivir, yo no

puedo vivir
si a mí me quitan el home relief
Me mandan a buscar la carne me la mandan de roast beef
me aumentaron el cheque por el nene que viene ahí
también la luz to los meses en el guiso del home relief
Ellos me pagan la renta yo me encuentro feliz
también me dan la receta y el doctor del home relief...
Ellos me compran zapatos sobra todo en mi vivir
por eso es que yo me aguanto en el guiso del home relief
Si yo voy a Puerto Rico para el pueblo de Manatí
no voy a encontrar el guiso como yo lo tengo aquí.
No salgo de Nueva York, yo no dejo este país
aquí tengo un palo de ron y el cheque del home relief.[77]

En la forma en que se aborda el tema de la situación económica del puertorriqueño en y fuera de la Isla, se observa que hay de todo, el que se recuesta del gobierno para resolverle sus problemas, el que lucha por un trabajo decente, el que reclama sus derechos y el que vive con la esperanza de que un nuevo gobernador cambie la situación del país. Pero lo más que se escucha durante la tragedia humana de los treinta es lo cómico, lo alegre, lo pícaro, lo que ayuda, a son de plena, guaracha y pasodoble, a atenuar la difícil situación de vida.

El Folclore y La Patria

La canción popular que aborda temas que tienen que ver con las tradiciones, las creencias, la cultura de un pueblo es lo que llamamos la canción folclórica. Aquella canción que resalta el amor de un compositor hacia el lugar o país con el cual se siente vinculado legal o sentimentalmente es lo que llamamos canción patriótica. Si desde la llegada de los europeos la historia puertorriqueña no había sido muy halagadora, el primer tercio del siglo veinte tampoco lo fue. El 1917, trajo la Primera Guerra Mundial, y dos décadas después, la Gran Depresión económica estadounidense. Fue en esta época de desesperación socioeconómica que "lo más granado de nuestros compositores produjo un tipo de canción de protesta (denuncia) y de reafirmación puertorriqueña. Comenzó a aflorar el tema político en la canción popular, el cual cobró mayor fuerza en los años treinta y cuarenta".[78] Para el musicólogo Pablo Marcial Ortiz, "la música tocada y sentida en español fue el escudo mayor que mantuvo Puerto Rico contra la agresión cultural norteamericana".[79]

El tema patriótico, acaso por la condición política de Puerto Rico, ha sido uno que hasta nuestros días sigue presente en la canción popular puertorriqueña. De las canciones grabadas y difundidas en Puerto Rico o en Estados Unidos para el mercado boricua durante las primeras cuatro décadas del siglo veinte, aproximadamente un ocho por ciento son dedicadas a la patria. Si a este porcentaje añadimos el tema de la canción folclórica, que casi en su totalidad canta a Puerto Rico, vemos que la añoranza de tiempos pasados, de costumbres perdidas y de paisajes criollos del lar boricua se hace canción en cerca del 15 por ciento de la producción discográfica hecha en Puerto Rico o por puertorriqueños en Nueva York. Entre 1928 y 1929 el Trío Boricua grabó en San Juan, Puerto Rico, 13 temas. Uno de los temas es dedicado a José de Diego. Graban también el poema *A Mis Amigos*, de José Gautier Benítez musicalizado por Rafael Hernández. También hacen un número titulado *Las Tres Antillas* y otro titulado *El Huracán de Puerto Rico*, seguramente basado en el huracán San Felipe que azotó a la Isla en 1928. Otro de los temas se titula *Al llegar a Machuelito*, en alusión al barrio Machuelito de Ponce. La composición temática de la producción discográfica de este trío es un ejemplo claro de la importancia del tema patriótico puertorriqueño en la música del primer tercio del siglo veinte.

El Trío Borinquen, contemporáneo del Trío Boricua pero formado en Nueva York por Rafael Hernández y Salvador Ithier (tío del fundador del Gran Combo de Puerto Rico, Rafael Ithier) grabó más de 50 canciones en 1928. Casi una decena de estos números usan a la patria como temática principal. Entre ellas podemos mencionar, como ejemplos obvios, *Oh patria mía, Alma boricua, Mi Patria Tiembla, Pobre Borinquen* y *Muñoz*, canción dedicada a Luis Muñoz Rivera. De doce canciones que grabó en 1929 La Orquesta Brunswick Antillana, orquesta de estudio de la compañía discográfica Brunswick de Nueva York, , siete fueron dedicadas al tema patriótico, una de las canciones es titulada, curiosamente, *Puertorriqueños en Curazao*.[80][81]

Aunque en sus grabaciones con Los Jardineros, Manuel Jiménez "Canario" (el cantante de música popular puertorriqueña más destacado del primer tercio del siglo veinte), solía interpretar temas de picardía, ya con sus propios grupos musicales, Canario y su Grupo, y el Grupo Antillano, el tema de la patria adquiere gran importancia. En 1930 su grupo interpreta por primera vez *Lamento Borincano*, y en 1932 el *Lamento Puertorriqueño* de Luis Llorens Torres musicalizado por J.A. Monrouzeau. Tras un viaje a Puerto Rico en 1935 Canario recoge en una canción sus sentimientos nacionalistas cuando escribe *Héroes de Borinquen*.

Esto pasa en Puerto Rico y al Partido Nacional
si es que queremos triunfar, y olvidar que somos chico,
los que decimos bendito, somos hombres de valor
tenemos esa opinión debe ser con nuestra fuerza,
y lo que pasó en Río Piedras sentimos de corazón.

Según lo que presenció, eso dice el cable ayer:
estando parado el pueblo el guardia le disparó.
Eso Don Ventura vio, que le pasó a su cuñado
a él también lo registraron no teniendo arma
agresiva
con balas de policía allá en Río Piedras
mataron.
Varios carros que pasaban por las calles del
cuartel
la policía sin saber a todos les disparaba.
Fueron muertos y agraviadas, haciendo varios
disparos
declarando su cuñado que Palá no usó pistola
y los familiares lloran los sucesos que han
pasado.
Según la prensa lo explica al pueblo de Nueva
York
cinco miembros de la unión de ideal
nacionalista,
todos los ponemos en lista a Dionisio y a
Ramón,
Dionisio con Juan Muñoz Pedro Quiñones y

> *Santiago*
> *la policía ha matado cinco miembros de la Nación.*

En 1934, Canario graba de Plácido Acevedo *El Grito de Lares* y luego graba canciones como *Borinquen tiene Bandera* (1938) y Puerto Rico, y otras de corte de orgullo nacional como *Nuestro Héroe* (1930), dedicada al nauta Franscecci:

> *Borinquen tiene su héroe nacional*
> *Solo Franscecci lo pudo conquistar*
> *Cruzó el Atlántico desafiando el mar*
> *es un valiente como el imperio otomán...*
> *Confío en el Merit con el poder de Dios*
> *salgo hacia España tocando Nueva York*
> *Adiós Borinquen tu nombre sonará*
> *El mundo entero te tendrá que admirar.*
> *Al despedirse de nosotros en San Juan*
> *nos dijo a todos tengo que triunfar*
> *y si la vida me tiene que costar*
> *es por Borinquen así me trague el mar.*

Hasta bien entrada la segunda mitad del siglo veinte, el sector agrícola constituía la mayor fuerza económica de Puerto Rico. La población del país era mayoritariamente rural.[82] Como lo describe Díaz Soler, "una incipiente micro burguesía rural se veía servida por una masa de peones acostumbrados a recibir órdenes de la clase dirigente que los mantenía en una especie de servidumbre".[83] Es importante apreciar esta realidad social prevaleciente en el Puerto Rico del primer tercio del siglo veinte porque, aunque la mayoría de los músicos con preparación teórico-musical venían de los pequeños centros urbanos y ciudades de Puerto Rico, aun en los pueblos, la nuestra era una sociedad rural. Compositores como Pedro Flores y Rafael Hernández que, por haber crecido en la zona urbana, de Naguabo y Aguadilla respectivamente, pudieron estudiar, abordaban la temática jíbara y patriótica con la misma tenacidad con que lo hizo Canario que era un campesino de las montañas de Orocovis. En Puerto Rico, el pueblo y el campo eran casi lo mismo. Esta realidad, particularmente en la primera mitad del siglo veinte, fomentó el que la canción folclórica y la patriótica se entremezclaran en temas y música.

El elemento del emigrante adquiere gran fuerza en la tendencia nostálgica de la canción popular de la diáspora puertorriqueña que desde los Estados Unidos cantaba a un Puerto Rico hasta idílico, en el caso de la canción folclórica, y de lamento en la canción patriótica. Como nos explica Sánchez Korrol: "Los intereses comunes y las actitudes compartidas de las colonias puertorriqueñas (en Estados Unidos) se presentaban elocuentemente en la cultura popular... La música fue vital en la internalización y externalización de las actitudes de la población emigrante... Resumiendo en esencia los sentimientos y actitudes de frustración, nostalgia, amores no correspondidos, y la añoranza del suelo lejano del puertorriqueño de la diáspora, la música proveyó también un puente de contacto entre la Isla y las comunidades boricuas en Estados Unidos".[84]

De las 2,158 canciones grabadas entre 1900 y 1938, 291 temas son de corte folclórico o patriótico. De los 552 temas grabados entre 1900 y 1928, el 15% tocaba este tipo de temas; del 1929 al 1938, el 12% de las canciones era folclórica o patriótica.[85] Si nos ubicáramos en el tiempo presente, en términos de canciones grabadas para la difusión masiva o con posibilidades de difusión radial en Puerto Rico, no sería difícil presumir que las canciones folclóricas-patrióticas serían casi inexistentes.[86]

Los puertorriqueños, en su lucha por definir y conservar su identidad de pueblo y, en el caso de los emigrantes, por continuar esa lucha fuera de las costas de la Isla, mantuvieron la patria y el folclor siempre presentes en el cancionero popular. La canción popular latinoamericana (y puertorriqueña), aprovechó la coyuntura geográfico-temporal que le tocó vivir al emigrante para convertirse en "una de las más importantes contribuciones artísticas y culturales de América a la civilización mundial, tanto o más que su literatura y sus artes plásticas..."[87] La música de Daniel Santos, Los Panchos, Xavier Cougat, Pérez Prado y, años después, Sergio Méndez, entre muchos, es la música que el emigrante logró proyectar fuera de su país de origen. Puerto Rico llevó a Nueva York el Caribe hispánico a través de la música, y a través de la música los puertorriqueños siguieron siendo boricuas por generaciones, resistiendo su inmersión en el famoso "melting pot" estadounidense. Los boricuas ausentes demostraban un nacionalismo cultural férreo, un amor por su patria que no tenía parangón dentro de las comunidades hispanas de Nueva York. Hasta los nombres de las agrupaciones reflejaban el amor a la patria distante. De los grupos musicales puertorriqueños que grabaron entre 1900 y 1943, unos treinta conjuntos tenían como nombre algo que aludía a su identidad nacional. En 1919 hubo una Orquesta Portoricana y más tarde hubo una Sonora Boricua, y un Trío Boricua, Trío Borinquen, Estudiantina Puertorriqueña, Cuarteto Puerto Rico, Orquesta Puerto Rico, Sexteto Puerto Rico, Conjunto Ponceño Sinfonfi, Trío Ponceño, Grupo La Perla del Sur y La Orquesta del Condado. En fin, la definición del género musical y su procedencia venía precedido casi siempre por el nombre de las agrupaciones musicales.

El temario patrio-folclórico respondía más que nada a la nostalgia de la vida campesina, al Puerto

Rico que se había dejado atrás o que, ya para ese tiempo, sufría intensas transformaciones. Con la llegada de la tecnología de grabación y con la marcha de los puertorriqueños a la ciudad más importante del mundo capitalista del siglo 20, se pudo guardar para el disfrute de los boricuas en y fuera de la Isla, y para las generaciones futuras, canciones que afirmaban para siempre la nacionalidad puertorriqueña. Ya en el 1910 la Orquesta Andino grababa el Seis de Andino y en 1917 la Orquesta Arguinzoni grababa el Seis de Juncos . Así se siguieron recogiendo, del canto popular de los diferentes pueblos de la Isla, los géneros musicales que los distinguían. También se rescataban del olvido a los próceres y a los héroes nacionales. Así en el 1928, como mencionamos antes, el Trío Boricua interpreta *A De Diego,* en honor al patriota aguadillano, y Canario canta al primer puertorriqueño que cruza en una pequeña embarcación el Océano Atlántico en *Nuestro Héroe.* Los Bohemios Puertorriqueños graban en el Nueva York del 1932, en plena depresión económica, una estampa jíbara alegre en un seis chorreao que más bien parece un análisis de la facilidad que tiene el jíbaro para convertirlo todo en un chiste:

En mi casa hay un ratón
que pesa treinta quintales
un juey que por sus corales
ya han ofrecido un millón.
Mi casa de habitación
es una hermosa alpargata
también tengo dos batatas
como el pueblo de Isabela
que ayer me atacó mi abuela
por venderlas tan baratas.

Voy a abrir un bodegón
en un sitio de la plaza
donde siempre encontrarán
sorullos, leche y batata,
amarillos, calabazas,
tomate con perejil,
bacalao para freír
y un gran pote de surtidos
y espero presten oídos

que les quiero hacer reír.
También tengo longanizas,
salchichones y chorizos,
morcillas, amarillos fritos
como los prepara Luisa.
Y cuando el cura repica
vengan a mi bodegón
y verán al buen lechón
que es sabroso y bien asado
los camarones guisados
y un largo palo de ron.

También si quieren bailar
tenemos buenas parejas
y aunque son un poco viejas
pero bailan sin rival
y después de cuatro palos
parecen peces del mar
se pueden enamorar
con respeto y con cariño
pues si sale algún marido
los pueden atropellar

vamos a evitar turucas
venga el palo y a gozar.

Es interesante ver cómo se habla de la comida típica en un tiempo y lugar en donde la comida escasea y el trago está prohibido. En este seis, Puerto Rico renace en los apartamentos de los boricuas de Nueva York; en los "rent parties" que se hacían para ayudarse a pagar el alquiler de las viviendas.[88]

De todas las canciones boricuas que se grabaron entre 1900 a 1942 (sobre 3,000), 680 usaron géneros musicales del folclore puertorriqueño, la plena, el aguinaldo, la guaracha jíbara, la danza, la bomba, y el seis en muchas de sus vertientes. En un mundo musical como el del Nueva York de la primera mitad del siglo 20, tan variado y con tanta exposición tecnológica, es de notar el que los boricuas se sostengan en los ritmos que trajeron de su tierra natal. Aun ejecutantes con preparación musical como Rafael Hernández y Pedro Berríos hacían música folclórica y utilizaban los mismos instrumentos que se podía ver en una trulla campestre en las montañas de Puerto Rico.

La Guerra Se Vuelve Canción

En los años en que germinó y finalmente comenzó la Segunda Guerra Mundial, Estados Unidos y Puerto Rico estaban atravesando por situaciones socioeconómicas y políticas que estimularon la aceptación popular de la guerra. Este respaldo a la integración militar norteamericana al bloque de las naciones aliadas se reflejó culturalmente en Puerto Rico. La cantidad notable de composiciones musicales relacionadas con la Segunda Guerra Mundial en el cancionero popular boricua es el ejemplo más claro de esa realidad. Muchos de los eventos generales que se dieron en el frente interno estadounidense antes y durante la guerra, y la reacción ciudadana que se suscitó a consecuencia de estos, también se dieron en la Isla en mayor o menor grado. En ambos frentes, el estadounidense y el boricua, la guerra tenía sus detractores, pero la difícil situación económica ocasionada por la Gran Depresión pesaba más que cualquier consideración. La guerra cambiaba los enfoques mediáticos y sociales de esos días. En primer lugar, en Puerto Rico, al igual que en Estados Unidos, un nuevo presidente, Franklin Delano Roosevelt, daba esperanzas al pueblo creando programas, agencias y servicios que pretendían infundir ánimo y generar un movimiento económico capaz de devolverle al capitalismo norteamericano la credibilidad que había perdido durante la presidencia de Herbert Hoover. Los puertorriqueños de Nueva York conocían muy bien al nuevo presidente. Roosevelt era neoyorquino y antes de ser presidente había sido gobernador de Nueva York. Era el tercer presidente norteamericano que visitaba a Puerto Rico. Su esposa, Eleanor Roosevelt (que también visitó Puerto Rico), daba una atención personal a la Isla. En segundo lugar, un país ya conocido por sus acciones bélicas de hacía poco más de una década, Alemania, volvía al acecho de las costas y del imaginario popular estadounidense y puertorriqueño. En tercer lugar, el reclutamiento y los preparativos para una posible intervención ayudaron a aplacar el desempleo que la Gran Depresión había causado y del cual no se había repuesto todavía la economía norteamericana. En el caso de Puerto Rico, la guerra traía esperanzas de mejoría económica a uno de los territorios más pobres del hemisferio.

Si la participación de Estados Unidos en la guerra se veía venir a través de todos los medios de comunicación, el ataque a Pearl Harbor fue el cierre definitivo a las dudas de los grupos opositores a la guerra. Con el ataque al puerto hawaiano, la Segunda Guerra se convirtió en la guerra con más apoyo civil de la historia estadounidense y la más aludida en el repertorio musical puertorriqueño.

A continuación, analizaré 18 canciones boricuas que tratan el tema de la Segunda Guerra Mundial. Los temas serán estudiados de acuerdo con su contenido letrístico de la siguiente manera: canciones que vislumbran la llegada de la guerra, canciones en pro de la guerra, canciones que hablan sobre el puertorriqueño como soldado de la guerra y canciones sentimentales con el trasfondo bélico de la Segunda Guerra Mundial.

Aires De Guerra

Ya en 1950 la comunidad puertorriqueña de Nueva York era tan visible e importante que el conocido sociólogo estadounidense C. Wright Mills publicó un libro titulado *The Puerto Rican Journey: New York's Newest Migrants*. En esa obra el autor describe a la comunidad boricua como una hermética, de poca educación, de orígenes rurales y con la intención de eventualmente regresar a Puerto Rico. Los puertorriqueños de Nueva York, según la investigación de C. Wright Mills, continuaban leyendo la prensa de Puerto Rico (específicamente el Imparcial) en lugar de leer los periódicos hispanos de la ciudad.[89] Para los años que antecedieron a la Segunda Guerra Mundial y desde el principio mismo de la emigración boricua a Nueva York, los puertorriqueños mantuvieron un contacto con sus raíces que, como se aprecia en el estudio de Wright Mills, era digno de análisis aun en una ciudad formada por emigrantes. En el capítulo anterior establecimos la importancia que tuvo la diáspora boricua en la producción cancionística nacional, y cómo los temas sociales de la Isla y de Nueva York se reflejaron en esas canciones. Es claro que los compositores estaban al tanto del acontecer mundial y de las responsabilidades, deseadas o no, que, como súbditos del imperio estadounidense, tenían los ciudadanos americanos de la colonia. Para una nación en crecimiento, y con aspiraciones imperiales evidentes, como Estados Unidos, el acontecer mundial era necesariamente de su incumbencia. A finales de la década del 1930 se suscitaron una serie de acontecimientos que activaron la creatividad de algunos de nuestros compositores. Por ser colonia estadounidense, lo que sucedía en el mundo ahora podía afectar directamente a Puerto Rico. Sin haber salido por completo de la Gran Depresión, ni de la década más violenta desde la ocupación estadounidense, varios compositores puertorriqueños cantaron a los aires de guerra.[90]

Rafael Hernández fue más que un gran músico y compositor. En las letras de sus canciones se percibe una gran capacidad de análisis sociohistórico. Es un estudioso de la noticia, un humorista, un difusor de perspectivas. No nos sorprende que sea Rafael Hernández quien diera comienzo a la tendencia letrística que ocupa este análisis. Tuvo, por su participación militar en la Primera Guerra Mundial, contacto directo con el teatro bélico europeo de principios del siglo 20. Sus constantes viajes a Nueva York, a Cuba y otras regiones de América Latina, en una época en la que las oportunidades de viajar eran tan limitadas, le dieron una experiencia vital que supo aprovechar al máximo en su desempeño como compositor.

El puertorriqueño de Nueva York seguía unido a su patria en todos los sentidos. Las fuentes de información de esta comunidad eran las mismas en la Isla y en Nueva York. Para la época en que Rafael Hernández escribe *Pa'Abisinia*, además de la gran cantidad de periódicos y revistas que había en la Isla, la radio comenzaba a añadirse al análisis noticioso. En 1934 se inauguró la segunda emisora de radio de Puerto Rico, WNEL. Esta emisora, establecida con el respaldo de la oficialidad estadounidense de la

Isla, fue la primera estación radial en suscribirse a una agencia de noticias, la Transradio News Services, y estaba afiliada a la National Broadcasting Company (NBC). También en 1934, y con los nuevos recursos noticiosos, se produjo en WKAQ "el primer periódico hablado de Puerto Rico difundido en la Isla- La Correspondencia de Puerto Rico".[91] Rafael Hernández y los compositores que comenzaban a despuntar a partir de los años treinta contaban por primera vez con fuentes de información sobre lo que llamaríamos hoy día "tiempo real". Esta combinación de experiencia vital con recursos noticiosos ayudó a Rafael Hernández a ver de manera profética y a la vez jocosa que las intenciones expansionistas de potencias europeas, como Italia, nos acercaban a la guerra.

PA' ABISINIA

COMPOSITOR: RAFAEL HERNÁNDEZ
INTÉRPRETE: DAVILITA
GRABADO EN: NEW YORK 9-10-1935

La cosa se está poniendo negra
y a nadie le gusta ni un poquito
Ya pronto nos llevan pa la guerra
la culpa la tiene don Benito
Y dice la gente temerosa
que negra que negra está la cosa

En 1917 con la Ley Jones se impone a los puertorriqueños el servicio militar obligatorio. En su obra sobre la historia del servicio militar obligatorio en Puerto Rico, Che Paralitici explica que "según la Ley del Servicio Selectivo quedaban sometidos a ésta todos los hombres entre las edades de 21 a 30 años, inclusive. Todo aquél que la violara sería procesado en un tribunal civil sujeto a sentencia de cárcel no mayor de un año y obligado a inscribirse tan pronto cumpliera la pena. También estaban incluidos los que no se presentaran al examen físico, ni al llamamiento del reclutamiento. Del mismo modo, se procesaría judicialmente a los que entorpecieran el proceso de inscripción o incitaran a la desobediencia".[92]

Las ventajas económicas de ir a la guerra no llegaron a los puertorriqueños hasta la Segunda Guerra Mundial. No es de extrañarse que Hernández piense que lo de ir a la guerra a nadie le guste ni un poquito. Y, como lo presenta Paralitici, el servicio militar era obligatorio para gran parte de la población, el sector de la población más productiva del país. Se está pasando hambre y necesidad en la Isla y en la metrópoli, la gente está temerosa. Con una guerra la situación podría empeorar. El complejo industrial militar que surgió con fuerza después de la incursión norteamericana en la Segunda Guerra Mundial aún no tenía las garras que tuvo años más tarde gracias a las nuevas tendencias teóricas del militarismo keynesiano.[93] ¿Qué razones había para que la gente sintiera preocupación por lo que sucedía en Abisinia (Etiopía)? Etiopía se unió a la Liga de las Naciones (organización mundial predecesora de las Naciones Unidas), en 1930. Su líder, Haile Selassie , había logrado unir al país y crear cierta atmósfera de progreso. La Italia fascista de Benito Mussolini, luego de crear inestabilidad en la región, invadió Etiopía sin declaración de guerra, usando el apoyo de las amenazas de la Alemania Nazi de Adolfo Hitler.[94] Además, en 1934 el nazismo alemán libraba una lucha fratricida que definiría su ruta futura. Hitler orquestó el asesinato de varios de sus antiguos colegas y consolidó su poder absoluto sobre una Alemania con ambiciones imperiales. Ahora Mussolini se sentía indetenible.

Pa Abisinia
se llevan a los ingleses
Pa Abisinia
se llevan los mahometanos
Pa Abisinia
también se van los franceses
Pa Abisinia
y también los italianos
Yo no sé por qué manía a pelear tengo que ir
Yo no sé por qué manía a pelear tengo que ir
lo que pasa en Etiopía eso no me importa a mí

El New York Times, en su edición del 9 de septiembre de 1935, describía cómo Mussolini estaba atrasando las negociaciones de paz con Etiopía (por unas alegadas agresiones en sus territorios de las colonias italianas en África del Norte) para esperar por el momento propicio para invadir a dicho país que entonces contaba con el respaldo de Washington, Londres y una Liga de Naciones a la cual Mussolini pretendía imponer sus criterios.

Pa Abisinia
Que se lleven a Barceló
Pa Abisinia
y al Partido Liberal
Pa Abisinia
que se lleven la Coalición
Pa Abisinia
Con Iglesias y Con Nadal

Luego de explicar el temor de la gente por una posible guerra a consecuencia de las acciones de Benito (Mussolini), Rafael Hernández se traslada al teatro político isleño para satirizar a los líderes políticos de la época, los que no se afectan directamente porque no tienen que ir a pelear. Luego salta a la ciudad de Nueva York y hace una crítica cantada a los peligros del mantengo que reciben los boricuas en Nueva York a través del Home Relief.[95]

Yo quisiera de repente la guerra empezar aquí
Yo quisiera de repente la guerra empezar aquí
pa acabar con toa la gente que viven del Home Relief
Pa Abisinia
Ya mandaron a pedir generales y soldados
Pa Abisinia
Que se lleven a Wirshing
Pa Abisinia
a Trujillo y a Machado
A mí se me dan tres pitos se forme la choricera
A mí se me dan tres pitos se forme la choricera
pa acabar en Puerto Rico con los malos de la PRERA
Pa Abisinia
que no eran los panameños

Pa Abisinia
tampoco los mexicanos
Pa Abisinia
ni eran los puertorriqueños
Pa Abisinia
quién sabe si los cubanos
Yo quisiera que la guerra reventara en un segundo
Yo quisiera que la guerra reventara en un segundo
pa acabar con tanto vago que están demás en el mundo
Que se lleven a Toño el cojo
Pa Abisinia
A Quintero y a Pan
Pa Abisinia
De seguro que a Mariño
Pa Abisinia
También se lo llevarán Pa Abisinia

Al final de la canción Hernández salta a la esfera del Caribe para sugerir que si necesitan generales y soldados se lleven a los dictadores Trujillo de

República Dominicana y Machado de Cuba. También menciona a Blanton Winship, gobernador colonial de Puerto Rico desde 1934 a 1939. Los aires de guerra afectan a todos, a los vagos, a los políticos, a los ricos y los personajes típicos de la calle como Toño el Cojo y Pan. Para todos ellos, según Rafael Hernández, la cosa se está poniendo negra.

GUERRA

COMPOSITOR: JOHNNY. RODRÍGUEZ
INTÉRPRETE: JOHNNY RODRÍGUEZ
GRABADO EN: NUEVA YORK: 6-9-1939

Ya se declaró la guerra.
Vámonos a preparar
que si no lo hacemos pronto
verán lo que va a pasar.
Ya Alemania tiene a Austria
Italia tiene a Abisinia
Franco tiene a toda España
y el peligro se avecina.

El primer gran solista puertorriqueño de la era radial, Johnny Rodríguez, no sólo fue un gran intérprete de todos los géneros populares de su época, también fue un gran compositor de temas románticos y sociales.[96] Viaja a Nueva York en 1935 y comienza una carrera que se extendería por décadas. Luego de su primera grabación discográfica comenzó una gira por España, Portugal y Francia que sería interrumpida por el comienzo de la Segunda Guerra Mundial. A continuación, veremos por qué

Julito Rodríguez Reyes, citado por Rosaura Vega, comenta sobre Johnny Rodríguez que " fue un mensajero que, adelantado a su tiempo, anunció cantando lo que estaba por venir. Fue un visionario con mentalidad comercial e instinto para el detalle... fue un gran observador de su pueblo durante las épocas que le tocó vivir".[97]

El 1 de septiembre de 1939 la Alemania Nazi de Adolfo Hitler invade a Polonia. Cinco días después, Johnny Rodríguez graba en la Ciudad de Nueva York *Guerra*. Lo que ya Rafael Hernández vaticinaba en *Pa'Abisinia* se iba haciendo realidad en una guerra que cruzaba fronteras. Al igual que en *Pa' Abisinia*, las canciones puertorriqueñas que abordan el tema de la Segunda Guerra Mundial y le añaden un toque de humor a las mismas, suelen ser guarachas en tonos mayores. Las canciones que presentan el lado serio de la guerra (como veremos más adelante) o tocan la fase sentimental de lo que ésta representa para la población, suelen ser boleros en tonos menores. Otros géneros utilizados, que, aunque movidos no suelen ser humorísticos, como el pasodoble, también abordan los temas en tonos menores.

En *Guerra Guerra*, Johnny Rodríguez utilizó la fórmula que implantara Rafael Hernández en *Pa'Abisinia*: guaracha en tono mayor que comienza explicando un acontecimiento de la época, sus posibles consecuencias internacionales y, luego, al final, la puertorriqueñización del asunto y cómo éste se refleja o se puede o debe reflejar en la sociedad boricua isleña y de Nueva York.

Preparando vamos material
que la guerra pronto va a llegar
Los polacos están locos
porque le están dando fuete
y en Europa poco a poco
se está formando el tereque

En realidad, quienes habían declarado la guerra fueron los europeos, en específico los alemanes, al invadir a Polonia. Unos días antes de la invasión alemana de Polonia Hitler había firmado un acuerdo de no agresión con la Unión Soviética de Joseph Stalin. Para los titularistas del New York Times (referencia importante para los puertorriqueños fuera de Puerto Rico) esta acción era más que suficiente indicio de que una guerra europea estaba a punto de comenzar. El 24 de agosto dicho periódico publicó en portada el texto completo del acuerdo entre las dos potencias militares más importantes de la Europa continental. De once columnas de la primera plana de dicha edición del New York Times, nueve estaban relacionadas con los eventos europeos.[98] Estaba claro que una guerra de tal magnitud involucraría eventualmente a Estados Unidos. Había, como decía Johnny Rodríguez, que prepararse.

Rusia se está preparando
ya pelean Francia e Inglaterra

Para la fecha en que se graba este tema, Rusia todavía se veía como un posible aliado de Francia y Gran Bretaña, como había sucedido en la Primera Guerra. Para el mes de marzo de 1939 ya el periódico El Imparcial contaba con una columna regular cuyo nombre era "Nuestras Grandes Colaboraciones Europeas". En la columna del 5 de marzo del 39, escrita por André Tardieu, expremier francés, se ve claramente que la suerte estaba echada. A diferencia de la Primera Guerra Mundial, la Alemania de Hitler, tiene hambre de territorio. Según el escrito:

"el eje Roma-Berlín Tokio es inquietante porque pretextando su "espacio vital" (paréntesis del artículo),quiere el bien del prójimo, en el cual no pensaba Bismarck, saciado y satisfecho hace sesenta años. Es un eje de gente de buen diente. Verdad es que Alemania se sirvió en 1938. Pero la Italia de 1938 tiene hambre. Por lo mismo subsiste la amenaza de guerra".[99]

Desde que Alemania anexó a Austria en 1938, y Mussolini comenzó sus escaramuzas en África, El Imparcial, uno de los periódicos más importantes de Puerto Rico, y que como hemos explicado anteriormente tenía una amplia circulación en la comunidad boricua de Nueva York, dedicaba muchas de sus primeras planas, a los sucesos europeos. Otra de las referencias regulares de dicho periódico lo era "El Tiovivo de Washington", una columna independiente escrita diariamente por Drew Pearson y Robert Allen. El 2 de marzo del 39 esta columna plantea la estrecha colaboración que existe entre los países miembros del Eje. En el primer párrafo de dicha columna los autores dan por sentado que habrá una guerra:

"Tres escaramuzas ocurridas en cuatro partes distintas del mundo la semana pasada, tienen todas las apariencias de advertencias de la lucha esperada entre los dictadores y las democracias".[100]

mientras los americanos
miran de lejos la guerra

La ironía de decir que los "americanos miran de lejos la guerra", cuando todo lo que se transmite a través de la prensa isleña y norteamericana apunta hacia lo contrario, parece tener sentido cuando al momento de grabarse la canción *Guerra Guerra* una primera plana del Imparcial cita al Comité de Asuntos Navales del Congreso de Estados Unidos. Al aprobar una suma considerable de recursos para la construcción de bases para tres escuadrillas aéreas incluyendo la de San Juan, dicha comisión declara que:

"no deseamos la guerra con nadie. No tenemos la intención de inmiscuirnos en enredos extranjeros.

Como pueblo democrático al fin somos un pueblo pacífico. Respetamos los derechos de otras naciones y esperamos que las otras naciones respeten nuestros derechos. No codiciamos terreno de ninguna otra nación. El propósito de este programa es asegurar que ninguna nación codiciosa trate de apoderarse del nuestro".[101]

Esa defensa del territorio propio choca con la realidad cuando hacía apenas unas décadas declararon la guerra a España y asumieron la soberanía de todas sus posesiones del Pacífico y el Caribe. Estados Unidos libró su guerra con España con el único propósito de expandir su injerencia política y económica en el círculo de las potencias mundiales. En la misma página en donde se hace público el comunicado sobre el expansionismo militar y el pacifismo de la democracia estadounidense, El Imparcial publica un comunicado del Partido Nacionalista Puertorriqueño en el que se invita a:

"la nación puertorriqueña para que asista y participe del homenaje y culto de angustia en el duelo nacional que dicha colectividad patriótica rendirá a los verdaderos creadores de la nacionalidad puertorriqueña el martes próximo en la ciudad de Mayagüez. Ante el segundo aniversario de la Masacre de Ponce- 21 de marzo de 1939- la Patria eleva su oración más límpida por la memoria de los que cayeron en defensa de su Libertad".[102]

yo quisiera que esta guerra
se acercara de momento
pa que tanto sinvergüenza
no viviera más del cuento

El autor de la canción grabó la misma en Nueva York, pero obviamente está al tanto de lo que ocurre en la Isla. Johnny Rodríguez es desde temprana edad militante del Partido Nacionalista, y aunque en esta canción se enfoca en lo que sucede en el mundo (como dijimos antes, esto afecta a los puertorriqueños de muchas maneras) deduce que tal guerra podría servir para que los que "viven del cuento", se fueran con ella.[103] ¿Quiénes son los que viven del cuento? Quizás se está refiriendo a los mismos que menciona Rafael Hernández en

Pa'Abisinia; a los políticos que sirven a los intereses de la metrópoli, a los malos de la PRRA. En un artículo editorial del 1 de marzo de 1939, Joaquín Monteagudo puede estar describiendo a los que Johnny Rodríguez quiere que la guerra se lleve, o ponga a trabajar de verdad:

"El Director Interino del Negociado del Presupuesto Federal, solicitó del presidente Roosevelt una asignación adicional que fue acompañada por el argumento siguiente: "se considera que el número de desempleados existentes en Puerto Rico, unido a las personas que de ellos dependen, monta a cerca de un millón ciento veintiún mil personas. Las cantidades son como para continuar la burla carnavalesca que ha sido hecha por los que disfrutan de acomodadas posiciones gubernamentales respaldados por el poder, en las mismas barbas de la angustia y el hambre de todo un pueblo".[104]

LA LLAVE

COMPOSITOR: JULIO ROQUÉ Y G. O'NEILL
INTÉRPRETE: MYRTA SILVA CON LA ORQUESTA DE JULIO ROQUÉ
GRABADO EN: NUEVA YORK: 13-6-1939

Los compositores de esta canción eran oriundos de un pueblo de grandes músicos y compositores, Aguadilla. Entre los aguadillanos en el mundo musical del presente trabajo, podemos mencionar a Rafael Hernández, Plácido Acevedo y Francisco Carballo. El Dr. Julio Roqué Marín fue sobrino nieto de Narcisa Marín de Yumet, de quién, según expone Eugenio Látimer Torres en su ensayo *Encuentro Con Julio Roqué Marín Y Su Discografía*, Rafael Hernández adoptó, como señal de gratitud, su segundo apellido: Marín.[105] Julio Roqué estudió música con el mismo maestro con quien estudiara Rafael Hernández, José Ruellán Lequerica. Luego estudió odontología en Maryland y marchó a Nueva York en donde se ejerció como odontólogo, industrial, empresario artístico y músico. Aunque nunca regresó a residir a Puerto Rico, la discografía que nos presenta Látimer muestra claramente que para los fines musicales la temática isleña continuaba siendo su mayor inspiración y junto con el coautor de la canción *La Llave*, G. O'Neill escribió la trascendental canción *Mujer Boricua*. Nuevamente, se nos presenta evidencia sobre la importancia que los acontecimientos de Puerto Rico y el amor a la patria lejana (en aquellos que estaban fuera de la Isla) tenía en la temática cancionística de la época. Llama la atención el hecho de que de las primeras 10 canciones que se registran en la discografía de Roqué, nueve tienen títulos en inglés, y de estas nueve, dos tienen temática puertorriqueña: *Borincana Fox Trot* y *When it's Coffee Blosom Time in Puerto Rico*.[106]

La intérprete de *La Llave*, Myrta Silva, tenía 22 años cuando grabó, con la Orquesta Borincana, esta canción de tema sociopolítico. La canción grabada en Nueva York en 1939 es categorizada en el género de la plena en la discografía de Díaz Ayala.[107] La canción describe en cuatro cortas estrofas la condición de la Isla, la reacción (presumida por los autores) de la población al considerarse a Puerto Rico la llave del Canal de Panamá, y qué es lo que debe esperar la población boricua ante ese nuevo rol de Puerto Rico en el Caribe.

A mi islita desgraciá
Malo, muy malo le sabe

En 1939, como hemos mencionado antes, la situación económica de Puerto Rico era desesperante. Ya enfermo, a un año de su muerte, el presidente del senado de Puerto Rico, Rafael Martínez Nadal, máximo líder del movimiento estadista en el Puerto Rico de la década del treinta, expresa su angustia ante la situación de la colonia. Comenta en un discurso (entre muchas otras cosas), que "a los Estados Unidos le inspiran más lástima los judíos expulsados por Hitler de Alemania que un millón ochocientos mil ciudadanos americanos hambrientos que viven en Puerto Rico".[108] El revuelo de tal pronunciamiento fue de tales repercusiones que, según lo informó El Imparcial en la misma misiva "las estaciones de radio de onda corta de Italia y Alemania transmitieron en varios idiomas el discurso pronunciado por el Presidente del Senado Insular, Lcdo. Rafael Martínez Nadal, protestando de las injusticias y de la caótica situación en que tiene sumido a Puerto Rico el Gobierno de los Estados Unidos". El titular de la noticia, en la cual figuran las fotos de Martínez Nadal y Hitler, da la impresión al lector de que el propio Hitler había comentado el discurso del senador boricua. Mientras se construyen bases militares en Puerto Rico y se le da a la Isla el alias de "Llave del Canal", el portavoz de los que piden la estadidad para Puerto Rico aprueba un comunicado en el que declara sobre los esfuerzos de los estadoistas puertorriqueños: "nos sentimos asqueados de tanta traición y estamos desilusionados por habernos sacrificado tanto en estas luchas". Estas son palabras muy fuertes cuando surgen de un defensor de la estadidad federada que al tiempo de hacer tales declaraciones ocupa el puesto electivo más alto de la colonia. En la misma portada en la que se describe el efecto del mensaje de Martínez Nadal nada menos que en el círculo fascista europeo, el representante aliancista José L. Berríos en apoyo al mensaje del republicano Martínez Nadal sugería que el mensaje fuese llevado a las "manos del presidente Roosevelt, de las Cámaras Legislativas y de los principales periódicos de los Estados Unidos para que la Nación se dé exacta cuenta de los sufrimientos de los boricuas y de su desesperación por la injusticia con que se les trata". Para completar la primera plana de El Imparcial del 2 de abril de 1939, el presidente del Partido Nacionalista Puertorriqueño declara sobre las nuevas tendencias dialécticas del presidente del senado:

"la mentalidad colonial es indecisa, timorata, paradójica. Es dada a la exaltación verbalista, pero tímida, absolutamente tímida para la acción fecunda de la idea. La facultad volitiva del esclavo se siente siempre coartada para ejecutar lo que concibe. El esclavo gusta de hablar mucho, como si quisiera esconder tras una capa de dialéctica infecunda la inmunda laceria de su esclavitud".[109]

Que la hayan hecho llave
Del Canal de Panamá

La guerra que se veía venir y en la cual, según la presentaban los medios y el cine, se veía que Estados Unidos estaría eventualmente participando, había creado en la prensa boricua dos frentes noticiosos.[110] Según pasaban los meses y la situación europea tomaba más importancia, las primeras planas de El Imparcial hacían amplios despliegues de los eventos relacionados con la guerra. Durante los años previos a la guerra (más aun después que ésta entró en su apogeo) la realidad cotidiana política de la colonia ocupaba espacios más reducidos. La peor década en la historia económica del país se alejaba, los problemas no se resolvían y la preparación para la guerra involucraba a Puerto Rico de manera especial. El 18 de marzo de 1939 la primera plana de El Imparcial lee así: "Puerto Rico es la llave en nuestra defensa nacional". El gobernador de la colonia para ese entonces, Blanton Winship, el mismo que administró al aparato colonial en el cual se dieron la Masacre de Ponce y la Masacre de Río Piedras declaraba lo siguiente:

"Quienquiera que tenga en su poder a Puerto

Rico, posee el comando de la costa sur del Atlántico, de la América Central y el Canal de Panamá, así como las rutas comerciales del Golfo y del Caribe. No puede haber mejor seguro de vida para la nación que defensas adecuadas y Puerto Rico ocupa la llave en nuestra línea de defensa nacional. Nuestra gente (refiriéndose a los puertorriqueños) es la intérprete de dos civilizaciones. Nuestros buenos vecinos al sur juzgan a Estados Unidos, la mayor de las veces, por el éxito de sus relaciones con Puerto Rico. Es realmente placentero el poder decir que jamás encontraréis ciudadanos más patriotas, más leales a nuestra nación y a nuestra bandera que aquellos que residen en esta isla del encanto donde las Américas se unen".[111]

Y con espíritu honrao'
hemos de advertir al tío
que la llave que ha escogío
le pue' romper el candao

Al parecer ni Julio Roqué, ni Guillermo O'Neill, ni Myrta Silva eran parte de la masa de patriotas leales a la bandera americana cuando dicen que esa llave, cuya más importante base militar se construye en el pueblo natal de los autores de *La llave*, le puede romper el candado al Tío Sam. Era más fácil cantar ese tipo de canción desde los Estados Unidos. Sería interesante conocer los datos de difusión de la canción en la Isla, si es que se tocó en la radio. Lo que sí es seguro es que los boricuas de Nueva York sí la escucharon ya que Julio Roqué era dueño de su propio espacio radial en el que promovía su práctica odontológica, sus productos para la higiene dental (Crema Dental Roqué) y la música que grababa su orquesta. Como expone Látimer Torres en su artículo sobre Roqué, el tema *La llave* tuvo una versión, por lo menos en título, en inglés: *Love Needs Cooperation.*[112]

Para ser llave de puerta
No nacimos por fortuna
Si no encuentran otra alguna
Pues que la dejen abierta Y aunque peligre mi vida
Yo he de reñir porque quiero
Que la saquen del llavero

En que la tienen metida

¿Se le preguntó al pueblo puertorriqueño sobre su deseo de que Puerto Rico fuera una base de operaciones militares? La decisión estaba tomada y el nombre declarado de Puerto Rico era La Llave. Pero, ni los autores de la canción, ni la joven intérprete, eran los protagonistas de la letra. La letra reflejaba los acontecimientos de los años que antecedieron al expansionismo militar norteamericano por causa de los eventos europeos y asiáticos. El movimiento nacionalista ofrecía a la metrópoli una resistencia seria y comprobada. Había boricuas que no querían que la Isla fuera una llave para el imperio estadounidense. Se opondrían a ello, aunque pusieran en peligro sus vidas.

A LA GUERRA YO NO VOY
COMPOSITOR: ROBERTO COLE
INTÉRPRETE: JOSÉ LUIS MONERÓ
GRABADO EN: SAN JUAN 26-12-1939

En cierta manera esta canción comenzó con una guerra y se escribió para otra. El compositor de *A la Guerra Yo No Voy*, nació del matrimonio entre la ponceña Belisa Vázquez y Frank L. Cole.[113] El cabo Frank Cole había llegado a la Isla con las fuerzas invasoras del General Miles. Aunque los nombres de los hijos del matrimonio fueron registrados en inglés, Robert Lafayette Cole, el mayor de los hermanos, fue siempre conocido como Roberto Cole. El apellido se castellanizó.[114] Su hermano Benjamín, sería por décadas alcalde de Mayagüez, ciudad que adoptaron como suya los Cole. Para el año en que Roberto Cole escribe esta canción su familia se había establecido en San Juan y él había abandonado sus estudios para trabajar con el gobierno de Puerto Rico. Acaso por su trabajo, Cole tuvo a muy temprana edad un contacto directo con los eventos que se desarrollaban en el país. A diferencia de la mayoría de los compositores de estos años, Cole vivió siempre en Puerto Rico y no estuvo en el ejército. Era fotógrafo del gobierno en un tiempo en que la fotografía era un oficio al que muy pocos tenían acceso.[115] En nuestro análisis de las primeras planas del El Mundo y El Imparcial de los primeros 6 meses del 1939, hemos comprobado que el tema de los acontecimientos en Europa (los aires de guerra) ocupaban un lugar prioritario. Esa cantidad de información sobre la guerra en potencia abrumaba al compositor.

Caballero no sé qué hacerme
con esta buya de guerra
ya la gente me tiene loco
hablándome de Inglaterra
que si Francia con sus soldados
a los nazistas arregla
o si vienen los italianos
a formar la choricera.[116]

Como expusimos anteriormente, los movimientos de Washington (el presidente Roosevelt), eran claros para cualquiera que estuviera al tanto de las noticias. En El Imparcial del 9 de mayo de 1939, ilustrada con una foto de Roosevelt y el titular "Aumenta peligro de ataques contra la Isla debido a su Importancia Militar", aparece la siguiente nota:

"Las defensas militares de Puerto Rico se perfeccionarán todo lo necesario para asegurar el rechazo de cualquier ataque enemigo. Para esto se usaría principalmente la Guardia Nacional, de acuerdo con lo informado por el gobernador Winship en una conferencia celebrada ayer con los reporteros. La conferencia que sostuvo el gobernador Winship con el presidente Roosevelt giró principalmente sobre la defensa militar de la Isla. Para esto, la Guardia Nacional tendrá todo el equipo nuevo que sea necesario, y se tratará de mejorar y aumentar las divisiones en cada municipalidad".[117]

Hasta Roosevelt muy aguzao
le da con mirar la cosa
aunque sabe que no hay quien pase
cuando el cristal se alborota

El 5 de marzo de 1939 El Imparcial presenta un inventario de las " Fuerzas y Los Armamentos" de las potencias involucradas en el conflicto (aún no comenzado) europeo. Estas cifras eran producto de las investigaciones de los servicios de inteligencia norteamericanos.[118] Unos meses después otro titular del mismo periódico expone la intención norteamericana de fabricar más armas. Con el titular "Fabricar Más Cañones, Municiones y Aviones", la nota describe una conversación telefónica entre el premier francés Daladier y el presidente Roosevelt en la que ambos coinciden en que la forma de responder a los discursos amenazadores de Hitler era construyendo más armas. [119]

y aunque tenga mucho aeroplano
submarino y lanzabombas
no quisiera verlo enredado
en los chismes de Polonia

Nuevamente, en esta canción, después de presentar un cuadro amplio de la inminente guerra, el autor torna su atención al plano local de Puerto Rico. Se convierte, a través de la música y la letra, en el joven boricua que tiene que ir a pelear por un país que no es el suyo; un país que invadió su Isla y no ha cumplido las promesas que hizo al hacerlo casi 40 años antes de que Cole escribiera este tema. Personalmente, Cole tenía razones para no querer ir a la guerra, aparte de que, como se describe en la letra, pensaba que no era asunto de Estados Unidos inmiscuirse en ella, tenía a sus veinticinco años un puesto en el gobierno insular y un puesto en la orquesta más prestigiosa del país, la Orquesta de Rafael Muñoz. Con la orquesta de Muñoz se ganaba trece dólares semanales y tenía la oportunidad de presentar sus composiciones y hacer sus propios arreglos.[120] El intérprete de la canción, José Luis Moneró, rondaba los 20 años al momento de la grabación. Al igual que el compositor y la mayoría de los músicos de la orquesta de Muñoz, éste último incluido, Moneró estaba obligado a servir en el ejército si era convocado a hacerlo, aunque, como decía la canción, él no tuviera la culpa de que Alemania "la formara".

A la guerra yo no voy
no quiero mi cuero pa tambor
si Alemania la formó

mira a ver qué culpa tengo yo.

La Guerra De Los Boricuas: Apoyo Musical A Los Estados Unidos Y A La Participación De Soldados Puertorriqueños En El Conflicto

En su introducción a la segunda parte de su libro *No Quiero mi Cuerpo Pa' Tambor*, en el que analiza el servicio militar obligatorio durante la Segunda Guerra Mundial, Paralitici, expone lo siguiente:

"al igual que en la Primera Guerra Mundial, el pueblo de Puerto Rico, en su mayoría, y dirigido por el gobierno colonial, entendía que participar en el conflicto bélico era un compromiso con la democracia del mundo. Es por esta razón que también en este período encontraremos personas que, a pesar de apoyar la independencia para Puerto Rico, decidieron estar de acuerdo con todo lo que se desarrollaba en el momento y no lanzarse a una batalla directa contra la imposición política de Estados Unidos en Puerto Rico".[121]

En el mundo de la música se reflejó esa realidad de manera dramática. Cantantes y compositores que simpatizaban con la independencia de Puerto Rico, de pronto se encontraban componiendo y cantando canciones que parecían haber sido escritas como encargo de propaganda para la guerra. Se sobraban las razones para explicar este fenómeno. El protagonismo mediático que logró la guerra, antes y después de la entrada oficial de Estados Unidos, competía, y opacaba en cierta medida, la cobertura mediática de la situación sociopolítica de los puertorriqueños en y fuera de la Isla. La palabra patria se entremezclaba con la palabra guerra; el soldado puertorriqueño que, dadas las circunstancias económicas del país, apenas llenaba los requisitos físicos del reclutamiento, se transformaba, por su participación en la guerra, en un defensor de la democracia.[122] A las bases militares de Puerto Rico venían los mismos espectáculos que se presentaban en los puestos militares del ejército norteamericano fuera de la Isla, espectáculos en los que se exaltaba el rol de norteamericano en la guerra y se presentaba la conveniencia de apoyar los esfuerzos de guerra.[123] Por otra parte, Hollywood, con su gran cantidad de películas proguerra, era el proveedor principal de las carteleras locales en una época cuando el cine era una de las pocas actividades de entretenimiento relativamente accesibles a las masas. Los que no leían la prensa, o no podían ir al cine, tenían el recurso radial para enterarse de los acontecimientos del día a día. La radio local, que cada día contaba con más emisoras, se afiliaba a agencias de noticias norteamericanas y entraba con mayor fuerza en zonas que, por los programas de electrificación del Nuevo Trato, tenían electricidad.[124] [125]

De las cuatro canciones que hemos analizado hasta ahora, canciones que veían la guerra venir, sólo una (*Guerra Guerra*), aunque de manera soslayada, apoya a la guerra (*vámonos a preparar ... preparando vamos material*). Una vez Estados Unidos entra en la guerra el tono de las canciones cambió hacia uno de aprobación. Ninguna canción de la discografía boricua que hemos examinado, grabada y difundida comercialmente, en o fuera de Puerto Rico, a partir de la entrada oficial de Estados Unidos en la guerra, se opone a la misma. La poca oposición que hubo en la canción popular, según definida en este trabajo, desapareció con el ataque japonés a Pearl Harbor. A continuación, presentaremos una serie de composiciones musicales que reflejan la opinión de la población puertorriqueña con relación a la Segunda Guerra Mundial. Para nuestros compositores, especialmente después del ataque japonés a Pearl Harbor, la guerra que Estados Unidos libraba era, también, la guerra de los puertorriqueños.

UNIÓN

COMPOSITOR: PEDRO FLORES
INTÉRPRETE: DOROTEO SANTIAGO
GRABADO EN: NY
FECHA: 3-3-1942.

Ahora que estamos en guerra vamos a unirnos
un poco más.
Esto es una guerra que estalló en la tierra
para que exista la unión un poco más.
Pueblos soberanos se han como asociado
para que exista la unión un poco más.
Provocó Alemania, respondió Britania
y la América gentil vino detrás.
Ahora ya están las naciones todas
y la unión se impone ahora un poco más.
Un poco más se ve sobre la tierra que habrá
una unión
pacífica y tenaz....
Oigo un clamor con todo lo que encierra
Ahora que estamos en guerra vamos a unirnos
un poco más
que no haya más negros ni blancos ni negros

para que exista la unión un poco más
ricos con obreros todos lucharemos
para que exista la unión un poco más
Ahora es con MacArthur vamos con MacArthur
para que exista la unión un poco más.
Que exista aún después de la conquista
para que después exista un poco más.

Nuevamente, se difunde una canción con temática de guerra que pretende resumirla antes de establecer su punto principal. Pedro Flores, quien escribió la canción más conocida de los tiempos de la guerra, *Despedida*, ve, a los pocos meses de la entrada oficial de Estados Unidos en el conflicto, la posibilidad de que esta guerra tenga buenas consecuencias. Según, como analizaremos más adelante, Rafael Hernández vislumbró una implacable venganza americana contra Japón, Flores encuentra en la guerra una oportunidad para que se solucionen ciertos problemas internos de los Estados Unidos y por ende de su colonia Puerto Rico. Al analizar *Unión* lo único que distinguiría a Pedro Flores de cualquier otro compositor norteamericano que escribiera sobre la guerra, sería el idioma y el ritmo de la canción. Si tradujésemos la letra al inglés podríamos interpretar que la escribió un norteamericano con tendencias liberales. En *Los Condenados de la Tierra,* Franz Fannon, describe este fenómeno de la siguiente manera: "El dominio colonial, por ser total y simplificador, tiende de inmediato a desintegrar de manera espectacular la existencia cultural del pueblo sometido". [126] Así, para Pedro Flores, el mismo compositor que escribió en 1935 *Sin Bandera* y *Patria,* denunciando la situación colonial de Puerto Rico, describe a Estados Unidos en 1942, como la "*América gentil*". La guerra no es la guerra de Estados Unidos, porque la integración de la colonia con la metrópoli es tal que la canción describe la situación con la frase "*ahora que estamos en guerra*". Los problemas que preocupan al autor no son las masacres que se han estado dando en Puerto Rico, ni las luchas de poder entre los que quieren administrar la colonia. La guerra es la posibilidad de que se resuelva el problema racial en Estados Unidos. La guerra puede unir a pobres y a ricos. Un enemigo común puede lograr la unión un "*poco más*".[127]

La actitud de Pedro Flores (de apoyo a la guerra), como buen compositor comercial que fue, no es en lo absoluto inexplicable si se toma en cuenta la campaña mediática desatada a favor de la guerra. El 13 de septiembre de 1942, unos meses después de grabada *Unión*, El Mundo publicó un editorial titulado "La guerra de todos". El editorialista expone que "la guerra que se libra hoy en el mundo, por la sobrevivencia de los derechos del hombre frente a la agresión totalitaria, no es para que contribuyan a sostenerla unos pocos solamente. La guerra es de todos para que ayudemos a sostenerla y a ganarla". En esa primera línea del editorial no se habla de la guerra de Estados Unidos sino de la guerra de todos. Entre esos "todos" están los puertorriqueños. Más adelante, el editorialista sugiere una nueva forma de vida del americano. El optimismo que ve Pedro Flores en la unión de esfuerzos que provoca la guerra, lo describe El Mundo así:

"En esa actitud de generoso patriotismo vemos

al hombre, al obrero trabajando tiempo doble para acelerar el ritmo de producción..., al intelectual contribuyendo con las luces de su mente a la orientación del pueblo y a la exaltación de los ideales que animan a las almas de las naciones unidas... vemos también a la mujer trabajadora tratando de superar al hombre en los talleres...".[128]

Ese mismo mes el Puerto Rico World Journal publica un editorial titulado "A Job to be Done". El periódico cita a una reunión a celebrarse en el Hotel Condado con el propósito de estimular la compra de bonos de guerra. Según el editorial este esfuerzo es importante para demostrar el patriotismo puertorriqueño.

"In an effort to place Puerto Rico as high as possible on the list of patriotic areas doing their part in support of the nation's war effort, executives and representatives of civic organizations... have planned a program ...to accept pledges for regular periodic purchases of bonds by the loyal American citizens of Puerto Rico".[129]

La urgencia de la guerra y la presidencia de

Roosevelt, con la importante participación e influencia de su esposa, se unieron para darle un empujón a las reformas sociales necesarias en los Estados Unidos. Aunque el ejército continuaría oficialmente segregado en términos raciales hasta la presidencia de Harry Truman, se veían cambios en esa dirección. En junio de 1942, por primera vez en su historia, la marina de guerra de los Estados Unidos reclutó negros americanos (y puertorriqueños). Pedro Flores era negro y puertorriqueño. Vivió en Nueva York y estuvo en el ejército. Las repercusiones sociales que traía la época a la sociedad norteamericana no pasaron inadvertidas para él.[130]

Al final de la canción, Pedro Flores menciona al auto-promovido héroe del momento, Douglas MacArthur. Apenas ha comenzado la campaña del Pacífico y ya la figura del general parece garantizar, como se describe en la canción, "*la conquista*"; una conquista que "*nos va a unir un poco más*". Esta mención es otro indicio claro de que el compositor está siguiendo las pautas mediáticas que el gobierno norteamericano y la colonia, han impuesto para crear un ambiente favorable a la guerra. Las fotos del general, con sus gafas de sol y su pipa de tabaco, le han creado al militar un aura de infalibilidad. Como ya analizamos antes, el triunfalismo con que los medios adornaban la persona de MacArthur se disipó después de haber sufrido la peor derrota en la historia del militarismo estadounidense. Su trayectoria militar probó ser poco más que un mito. La leyenda que de él se creó no fue suficiente para impulsarlo en sus ambiciones políticas.

Unión augura solapadamente unos hechos que se dieron por causa de la guerra. El aparato industrial que se formó para enfrentar las necesidades estratégicas de una guerra con dos frentes distantes ayudó a cimentar lo que habría de convertirse en la economía más importante del mundo. En los años subsiguientes a la guerra se consolidó una clase media amplia en las ciudades industriales de Estados Unidos. De esta clase surgen los importantes cambios sociales que comenzaron a darse a finales de la década de los 50 y durante los años 60 en las presidencias de Kennedy y L.B. Johnson.

MARCHARÉ

COMPOSITOR: J.G. LÓPEZ
INTÉRPRETE: TRÍO VEGABAJEÑO
GRABADO CIRCA 1945

Marcharé y como buen boricua lucharé
para honrar a Borinquen mi patria que no olvidaré.
Volveré vencedor no vencido
que el criollo pelea
cuando hay un porqué.
Marcharé siempre en Dios confiando
y al fin volveré
a mi hogar, dulce hogar
o al ayer siempre en paz y contento
del alma el sustento peleemos por él.
Por mi honor mi querer
por mi madre mi hijo mi hermano
por ellos lucharé.
Mas si no vuelvo quedan los niños
los que a Dios ruegan
siempre por mí
los que me esperan que no me olvidan

> *pensando en ellos*
> *canto yo aquí.*

El Trío Vegabajeño fue, para los años de la guerra y la posguerra, una de las agrupaciones musicales más populares de Puerto Rico. Se presentaban en todas las instalaciones militares de la Isla y viajaron a las bases militares norteamericanas de Galápagos, Panamá y el Caribe. El mensaje que salía de las voces del Vegabajeño era escuchado con atención. Era el trío del 65 de infantería y era el trío de los años de la guerra. En esta canción de J.G. López, el mensaje que llevan los intérpretes no deja lugar a dudas; es un llamado a participar en la guerra y a hacerlo de manera patriótica *"para honrar a Borinquen mi patria"*. Nuevamente, se percibe la intención de igualar patria con metrópoli. La guerra que se lucha es la guerra boricua, aun cuando todavía el soldado boricua es, en su mayoría, segregado de las fuerzas de los blancos norteamericanos.[131][132]

Después de hacer el llamado a luchar *"por la patria"* y sólo para volver *"vencedor no vencido"*, el autor presenta las razones que tiene para ir a la guerra. Puerto Rico, una de las regiones más pobres del hemisferio, halló una válvula de escape a la pobreza extrema: el ejército.[133][134] Cuando el autor de esta canción escribe que va a la guerra *"por mi madre, mi hijo, mi hermano"* el significado de tal frase puede tomarse literalmente. Los soldados mantenían a sus familias en Puerto Rico. El ejército norteamericano se aseguró de que existieran los incentivos necesarios para crear unas fuerzas armadas motivadas para el esfuerzo militar. Los periódicos, la radio y los cines de Puerto Rico se encargaron de que se supiera que había futuro en la vida militar.[135]

SENTIMIENTO

COMPOSITOR: NELLY PÉREZ
INTÉRPRETE: CUARTETO MAYARÍ
GRABADO EN: SAN JUAN 4-6-1942

Marcharás, ya lo sé.
A la guerra te vas
y has de volver triunfante ya cuando en el
mundo reine la paz.
Ve con valor, zarpa a luchar
por ese honor de amar la patria
y la libertad.
No habrá quien manche
las blancas franjas de mi bandera,
y su esplendor
alto muy alto entre las palmas de mi terruño
será un escudo por tu valor.

En esta canción, interpretada por el Cuarteto Mayarí, notamos de inmediato un parecido con la canción que discutimos anteriormente. A diferencia de *Marcharé*, *Sentimiento* está escrita en segunda persona.

Con el ataque japonés a Pearl Harbor, Estados

Unidos entra oficialmente en la Segunda Guerra Mundial. En la misma semana en que los japoneses destruyeron casi todo el comando naval norteamericano del Pacífico, Alemania e Italia declararon la guerra a los Estados Unidos de América. Para 1941, Estados Unidos sostenía una guerra en dos frentes distantes. El frente del Pacífico probó ser el más difícil.[136] La manera en que se dio el ataque a Pearl Harbor tuvo para la población puertorriqueña, según la cancionística de la época, el mismo efecto que en el resto de la población norteamericana, uno de indignación.

En el caso específico de Puerto Rico, este ataque tenía unas peculiaridades interesantes. Desde principios de siglo se había establecido una colonia puertorriqueña en las islas de Hawaii.[137] Las islas, que aún no conformaban un estado de la nación, se asemejaban a Puerto Rico en su clima, su flora y fauna, y su importancia militar. Puerto Rico era el Hawaii del Caribe. La expansión de las instalaciones militares en la Isla así lo demostraba. No era descabellado pensar que un ataque similar pudiera darse en Puerto Rico, especialmente ahora que dos frentes de guerra se dividían los recursos militares de Estados Unidos.[138] De propia experiencia, el médico e historiador cagüeño Francisco Rivera Lizardi narra lo siguiente:

"Durante las noches de los años de guerra y a los acordes de persistentes sirenas, se realizaban oscurecimientos... o "blackouts" para ejercitar a los ciudadanos en caso de un ataque aéreo o bombardeo por aviones enemigos. Todas las luces de las casas - no se podía fumar- tenían que apagarse inmediatamente. La población permanecía en total oscuridad por varias horas hasta que de nuevo llegara el ansiado sonido de la sirena que esta vez avisaba que el simulacro había pasado…Fueron muchas las veces que durante estos oscurecimientos pasaban zumbando por nuestros cielos varias bandadas de aviones de guerra que nos cortaban la respiración".[139]

Los compositores boricuas en Nueva York recibieron el 8 de diciembre de 1941 con el siguiente titular del New York Times: "Japan Wars on U.S. and Britain; Makes Sudden Attack on Hawaii; Heavy

Fighting at Sea Reported".[140] Compositores como Rafael Hernández, Plácido Acevedo y Pedro Flores, autores de canciones con claras inclinaciones puertorriqueñistas, comenzaron a ver la guerra desde otra perspectiva, la perspectiva de la maquinaria propagandística de la era de Franklin D. Roosevelt.

El periódico El Mundo jugó un papel importantísimo en la puertorriqueñización de la guerra. Las noticias, las tirillas, las novelas y los editoriales iban dirigidos a fomentar el apoyo hacia la guerra. Por otra parte, los anunciantes también se integraban al ambiente de respaldo a la causa aliada.[141] El 12 de septiembre de 1942, El Mundo publicaba el siguiente titular: "$4,500,000 pagos para dependientes de soldados. El número de cheques expedidos en septiembre asciende a 36,000".[142] Luego de un artículo largo sobre los pagos mencionados, en el último párrafo de la nota se aclara que "las cifras que indicamos arriba corresponden a los pagos hechos a través de toda la nación. Los números correspondientes a Puerto Rico- añade la nota- no pueden separarse de aquellos porque los pagos son hechos directamente desde Washington". Al parecer, la intención de la nota era crear la impresión de que los pagos correspondían a soldados puertorriqueños solamente. Al día siguiente en la página editorial del periódico aparece la siguiente exhortación de apoyo a la guerra:

"Poco a poco, antes y después de Pearl Harbor se ha venido movilizando la Nación para el esfuerzo de guerra... La guerra que se libra... es de todos, para que todos la libremos. El último llamamiento a servicio que se espera del presidente Roosevelt es el dirigido a los estudiantes de escuela superior para que cooperen en diversos servicios de guerra y, en aquellos planteles que reúnan condiciones adecuadas, se establezca el entrenamiento militar para los jóvenes que se gradúen a la edad de dieciocho años".[143]

Es claro que hacer esta exhortación es más fácil cuando un día antes se ha destacado una nota en la cual se menciona la llegada de cheques a los familiares de los soldados. Ya los boricuas estaban convencidos de que la guerra de Estados Unidos también era la guerra de los puertorriqueños. A continuación, veremos cómo se refleja la guerra del Pacífico en nuestra cancionística nacional.

SAPO, SAPO JAPONÉS
COMPOSITOR: PLÁCIDO ACEVEDO
INTÉRPRETE: ORQUESTA RAFAEL MUÑOZ
GRABADO EN: SAN JUAN 1 -6- 1942

Plácido Acevedo, compositor de canciones como *El Grito de Lares, Guaybaná y Es mi Patria Prisionera,* en las cuales se refleja el profundo amor que siente por su patria boricua, al momento de la guerra se solidariza con la metrópoli que tiene *"prisionera a su patria"* y satiriza al elemento japonés, haciendo eco de lo que difunden los medios de la época.

Traicionero japonés con tu cara de guabina
Cuando yo te caiga encima qué mucho vas a correr.

Lo primero que establece Acevedo en la canción es que los japoneses son traicioneros. Esto no es de sorprendernos ya que, al momento del ataque a Pearl Harbor, Estados Unidos y Japón estaban en negociaciones de paz. El New York Times cita al

Secretario de Estado Norteamericano Cordell Hull cuando declaró que el ataque japonés fue uno traicionero y no provocado. Según Hull, los japoneses habían actuado de manera fraudulenta al preparar el ataque al mismo tiempo que conducían una misión diplomática para el cese de hostilidades.[144] Inmediatamente después, la canción, en el género de guaracha y en tono mayor, criolliza la guerra al comparar al soldado japonés con un pez de agua dulce común en Puerto Rico: la guabina.[145]

Tengo ganas de fajarme
y ansioso espero el momento
que llegue el reclutamiento de veinte a
cuarenta y seis

En primera persona, el compositor hace mención de su deseo de ingresar al ejército tan pronto sea posible. Al parecer, la población sabía que el reclutamiento era para ciudadanos (hombres) entre los 20 y 46 años. En realidad, todos los hombres entre las edades de 18 a 65 fueron inscritos en el servicio selectivo, aunque no todos tenían la obligación de hacer el servicio militar. Aclara Paralitici que a las personas mayores de 45 se les exigió inscribirse para "mantener una clasificación de las habilidades civiles de estas personas o posibles candidatos en caso de que Estados Unidos los necesitara para trabajar en las industrias esenciales".[146]

Más adelante en la canción, Acevedo, nuevamente hace mofa de la fisonomía japonesa. Esta vez llama al japonés "*sapo*". [147]

Sapo sapo sapo sapo sapo sapo japonés
como tú vas a correr
pobrecito japonés
como tú vas a correr
con tu cara de guabina
como tú vas a correr
y cuando yo te caiga encima
como tú vas a correr
pobrecito japonés

Se deshumaniza al enemigo y se trivializa la guerra al punto de convertirla en una sátira en la que un soldado boricua persigue a un soldado japonés que huye asustado. La palabra muerte no aparece por ningún lado en la canción. La guerra es casi un juego.

Eso era lo que promovía el cine y la prensa norteamericana hasta bien entrado el 1943.[148] Todavía el lado oscuro de la guerra no se había mostrado en imágenes reales. La primera foto de soldados americanos muertos en combate se hizo pública el 20 de septiembre de 1943 en la revista Life: tres jóvenes soldados muertos en una playa en Nueva Guinea.[149]

OKINAWA

COMPOSITOR: M. TORRES
INTÉRPRETE: JOHNNY RODRÍGUEZ 1945

Al finalizar la guerra con Japón, bajo el mando de MacArthur, se comenzó la reconstrucción del territorio japonés devastado por el bombardeo aliado. Este bombardeo culminó con el lanzamiento de la bomba atómica en dos ciudades del Japón. La letra de esta canción (no tenemos la fecha exacta de su producción), nos hace inferir que la misma se escribió al finalizar la guerra o por lo menos cuando ya se había ocupado a la Isla de Okinawa al sur de Japón. Es un tema jocoso y romántico. El tono de ésta parece indicarnos que el viaje del protagonista de la canción a Okinawa fue uno sin gran importancia, quizás una escala hacia otro lugar.

En la isla de Okinawa una vez
una muchacha encontré
porque ella era muy bonita
y muy linda señorita
y como era tan graciosa

yo de ella me enamoré.

Al igual que en canciones como *Oui Madame*, de Rafael Hernández, mencionada anteriormente, el encuentro con la exótica belleza provoca un enamoramiento inmediato. En realidad, lo que denota el "*yo de ella me enamoré*" es una gran atracción hacia la señorita extranjera. Para un puertorriqueño de los años cuarenta, la belleza de una japonesa es graciosa. Para el soldado que lucha contra el japonés varón, éste, como en la canción de Plácido Acevedo, puede tener *cara de guabina*. Refiriéndose a una joven japonesa y fuera del campo de batalla, ésta resulta ser linda, bonita y graciosa. Lo que dice la canción luego es un juego de palabras con doble sentido. La realidad que vivía el Japón de ese entonces no se menciona de manera directa en la canción, pero el humor que pretende presentar la misma, presenta la triste realidad de la población civil japonesa de manera velada. En entrevista que le hiciéramos al veterano Héctor Ramón Meléndez, quien estuvo asignado a la división aérea del ejército americano desde 1949 al 1951 en Tokio, éste nos indicó que la situación económica y social del Japón era tan desesperante para sus habitantes, que las jóvenes japonesas ofrecían favores sexuales a cambio de cajetillas de cigarrillos o cualquier cosa que pudieran vender para subsistir. [150]

Con el sonido de lo que se puede considerar una imitación del japonés, el autor de la canción implica que hubo un ofrecimiento sexual de la japonesa hacia el protagonista de la canción.

Me dijo uantú mazuka
yo le dije what you say
Sarabá Puerto Rico Matá Kurú
y a todo le dije Yes
I am sorry señorita pero no soy japonés
ni soy de Okinawa ni soy japonés
que lo que yo hablo es español e inglés
a todo lo que dijo yo le dije yes.

El wantú es el "want to" del inglés (¿quieres?) y el mazuka puede interpretarse de muchas maneras según cómo lo defina el lenguaje popular boricua de la época. Según lo expone un editorial de El Mundo, mucha de la música que se escuchaba en la radio era de corte pícaro, demasiado pícaro para el editorialista:

"Las cartas y telegramas que nos llegan demuestran que nuestra población cristiana y civilizada estaba deseosa de que alguien diera la voz de alerta, para secundar con entusiasmo un movimiento tendiente a eliminar de nuestros salones de baile, de las trasmisiones de radio y de otros sitios en donde pueden llegar a los oídos de niños y damas, esos calenturientos sones, boleros y pregones que se inspiran en los bajos instintos".[151]

Otra nota del periódico El Mundo nos da una idea de cómo pudo haber sido ese puertorriqueño que tuvo el encuentro con la japonesa. Con el encabezado "Una compañía de Puerto Rico en Okinawa", informa el parte, que la Compañía puertorriqueña 2700 de Depósitos de Camiones de Ingenieros estaba destacada en Okinawa. Citando al soldado que brinda la información, continúa el artículo, "estamos en Okinawa, la isla conocida como el batey de Japón". La misión de dicho destacamento era construir aeropuertos para continuar el ataque a la isla grande del archipiélago japonés. Los miembros de la unidad eran hombres entre las edades de 19 a 26 años.[152] Uno de ellos muy bien pudo haber sido el protagonista del encuentro del que trata la canción de Manuel Torres.

POR TELÉFONO

COMPOSITOR: J. SEMIDEY

INTÉRPRETE: ORQUESTA RAFAEL MUÑOZ

GRABADO EN: SAN JUAN CIRCA 1943

Comuníqueme un momento por favor
esto es un caso de apuro como no
cero cero amarillo quiero hablar con el Japón
para decirle a Hirohito lo que siento de su honor.

A Hitler y a Mussolini y a todo el pueblo nipón
por teléfono les digo que no valen ni un millón,
mano guantes ni escopeta ni revólver ni puñal
por teléfono se evita la visita al hospital.

Convídalo para acá invítalos a pelear
atrácale la trompá por teléfono no más.

En esta canción de la famosa orquesta de Rafael Muñoz, el autor J. Semidey utiliza la palabra "*amarillo*" para referirse a los japoneses. Este tema vuelve a la narrativa que utilizaran otros compositores para puertorriqueñizar la guerra observándola desde la perspectiva de una persona que, desde lejos, ataca al enemigo. El tono serio de venganza de otras canciones no se presenta en esta canción que responde a las tendencias mediáticas norteamericanas del momento. El término "*amarillo*" ("yellow") para referirse a los japoneses, es una clara adopción de las tendencias norteamericanas sobre el tema. Ya han pasado meses del ataque a Pearl Harbor. Las fuerzas aliadas están en plena ofensiva. De pronto, según lo presentan los medios, el japonés no es invencible. La victoria aliada es factible. Ya se puede satirizar la guerra nuevamente.

La imagen del japonés que existía en Puerto Rico se fundamentaba en gran parte en la gran cantidad de películas que sobre el tema de la guerra del Pacífico Hollywood estaba produciendo y distribuyendo. La prensa local, que publicaba columnas sindicadas de periodistas estadounidenses, también reflejaba los prejuicios existentes sobre los japoneses. Uno de los más célebres corresponsales de guerra de la época, Ernie Pyle (que murió cubriendo una batalla en Okinawa) describía la situación con los japoneses de la siguiente manera:

"In Europe we felt that our enemies, horrible and deadly as they were, were still people. But out here in the Pacific I soon gathered that the Japanese were looked upon as something subhuman or repulsive; the way some people feel about cockroaches or mice".[153]

Este fue el mismo reportero en cuyos libros *Here Is Your War* y *Brave Men*, se basaron varias películas de Hollywood. Según Koppes y Black, autores del libro *Hollywood Goes To War: How Politics, Profits And Propaganda Shaped World War II Movies*, aunque la OWI (Oficina de Información de Guerra) intentó que Hollywood hiciera una caracterización menos ofensiva de los japoneses, éstos fueron presentados esencialmente como la "bestia de la selva" (the beast in the jungle).[154] Añaden los autores: "En un país (E.U.A..) sumergido en estereotipos racistas, e inclinado por una historia virulenta de prejuicio anti japonés, la tentación de presentar al japonés en términos raciales era avasalladora".[155]

El prejuicio racial contra los japoneses iba más

allá de Hollywood y la música de las tirillas cómicas. La revista Time publicó un artículo titulado "How to Tell Your Friends from the Japs", para que los norteamericanos pudieran distinguir un japonés de otros orientales, como los chinos, por ejemplo. La revista describía a los japoneses como más bajos y más delgados que los chinos. Los japoneses, según el artículo, eran arrogantes y dogmáticos mientras que los chinos eran tiernos y calmados. Los japoneses se reían alto y fuera de contexto, caminaban erguidos y tensos. Además, a diferencia de los chinos, concluye el artículo, los japoneses usaban espejuelos de montura ancha (horn-rimmed spectacles).[156]

Para los compositores puertorriqueños de la época de la Segunda Guerra Mundial, la utilización de los prejuicios raciales en la música popular, esta vez contra un enemigo militar, era la norma. Además, cuando se hacía en forma jocosa, como también lo hicieron Popeye y las Murphy Sisters, el prejuicio, aunque todavía prejuicio, era más sutil.

DOUGLAS MACARTHUR

COMPOSITOR: M. MAYMÓN
INTÉRPRETE: TRÍO VEGABAJEÑO
GRABADO EN: SAN JUAN CIRCA 1945

MacArthur Douglas MacArthur
general que sirvió a su nación
luchando con valentía, en Filipinas, Corea y Japón
MacArthur Douglas MacArthur
Viejo soldado que nunca morirá
porque el pueblo americano su gloria recordará
quién en Filipinas dijo a todos volveré
Douglas MacArthur
quién el paralelo dijo a todos cruzaré
Douglas MacArthur
MacArthur Douglas MacArthur
tu figura de conquistador
ya tiene en nuestra historia
por tus hazañas un puesto de honor
MacArthur Douglas MacArthur
ahora en tu patria ya puedes descansar

como el águila en la cumbre
un Dios en su pedestal
Quién con mano firme democratizó el Japón
Douglas MacArthur
Quién sirvió a su patria con sincera devoción
Douglas MacArthur

El hombre que inspiró esta canción, y al que F.D. Roosevelt llegó a calificar como "el hombre más peligroso de Estados Unidos", fue uno de los personajes más famosos del lado aliado de la Segunda Guerra Mundial.[157] El militar más condecorado de la Primera Guerra Mundial, Douglas MacArthur, en su participación en la Segunda Guerra Mundial, tuvo el deseo y la capacidad para presentarse como una figura mítica. Cada foto era calculada, cada batalla exitosa lograba reseñas mediáticas. Sus campañas fallidas se disipaban en el esfuerzo gubernamental de lograr apoyo civil a la guerra.

Esta canción, posterior, por unos meses, a la Segunda Guerra, pero incluida en este trabajo por su temática, tiene varios aspectos que la diferencian de las demás canciones sobre la Segunda Guerra Mundial. En primer lugar, es un pasodoble. Era una canción para ser bailada en los salones sociales en donde ese género era una importante parte del repertorio de las orquestas. Tal era la impresión que se tenía de Douglas MacArthur en Puerto Rico, que se podía bailar lo que venía a ser en términos letrísticos una oda al famoso general. Otro aspecto importante del tema es que fue interpretado por el Trío Vegabajeño. El otro factor destacado de esta canción es la trayectoria cancionística posterior a la guerra de su compositor, Miguel Maymón.

La imagen de Douglas MacArthur tuvo en Puerto Rico una divulgación positiva acaso mayor que la que tuvo en Estados Unidos. Esto se explica porque, aunque la burocracia norteamericana que dirigía el poder ejecutivo isleño respondía al Partido Demócrata de los Estados Unidos, la política local estaba impregnada de elementos conservadores locales y de aquellos que representaban los intereses absentistas. También hay que tener en cuenta que Puerto Rico era el bastión militar más importante del

Caribe y que la policía insular estaba, a menos de una década de los acontecimientos sangrientos de las luchas nacionalistas, militarizada. Cónsono con estas circunstancias, El Mundo, a página entera, en el Día del Ejército, el 8 de abril de 1945 describe la aplastante derrota de MacArthur en Filipinas sin mencionar el nombre del general que la sufrió:

"Nosotros (los puertorriqueños), los que mandamos tropas desde el comienzo de la guerra, nunca olvidaremos la gran tristeza que nos acompañó en la retirada de las Filipinas, retirada que tuvo lugar después que nuestros hombres, superados numéricamente, pero peleando con valentía, fueron destruidos por la enfermedad y el agotamiento".[158]

Desde la misma entrada de Estados Unidos a la guerra con Japón, el periódico El Mundo dedica a MacArthur la adulación que se podría dedicar a un deportista victorioso. En febrero de 1942 una nota describe el heroísmo de MacArthur:

"Continúa el General norteamericano, Douglas MacArthur, apuntándose victorias contra sus sitiadores en la península de Bataán. Nuevamente, han sido rechazados los japoneses en operación parcial sobre el flanco izquierdo de los defensores". [159]

Según la nota, MacArthur "continúa" ganándoles a los japoneses, "nuevamente" es vencedor. El mismo día, una página más adelante, aparece el siguiente titular: "La Heroica Resistencia del General MacArthur". Éste es un extenso artículo de elogio al general. En su conclusión, luego de narrar las proezas de MacArthur en el Pacífico, declara:

"El general Douglas MacArthur, se ha convertido, con excepción del presidente Roosevelt, en el más grande héroe nacional de Estados Unidos. Las compañías de noticieros cinemáticos más importantes dedican una gran parte de sus filmes a los tópicos corrientes relacionados con el general MacArthur... Cada vez que aparece la figura de MacArthur en la pantalla de los teatros el público lo aclama con mayor entusiasmo que cuando aparece la misma figura del presidente. Los grandes diarios dedican millares de palabras a la vida, ejecutorias y anécdotas del general".[160]

Esa propaganda masiva alrededor de la persona de MacArthur estaba tan vigente en Puerto Rico como en la metrópoli. El cine, para esa época una de las pocas formas de entretenimiento disponibles para la creciente población urbana de la Isla, estrenaba película tras película con temática de claro apoyo a la guerra. Todas inclinaban la ventaja hacia los soldados norteamericanos. Desde 1941 hasta 1946 se estrenaron en los cines norteamericanos y boricuas más de 60 películas alusivas a la guerra.[161] Muchas, como la película *Bataan*, protagonizada por Robert Taylor, tenían como trasfondo el teatro militar del Pacífico, comandado por MacArthur. En su análisis sobre la película *They Were Expendable*, protagonizada por John Wayne, Jeanine Basinger, describe el poder que las imágenes fílmicas pueden ejercer sobre el público cautivo de una sala de cine:

"Who can fail to be moved by the scene in which Ford (director del film), presenting MacArthur as a mythical figure, skillfully weaves photographs from Life magazine and sights of him from the newsreels of the day, walking alone, ahead of his men but behind his family, with the stirring music on the sound track?". [162]

Con este esfuerzo mediático por resaltar la figura de MacArthur no es de sorprendernos que el autor de este pasodoble, Miguel Maymón, se inspirara en la figura militar más reconocida del momento. La canción es un resumen exaltador de la participación de MacArthur en la Segunda Guerra Mundial. Miguel Maymón, aunque fue funcionario federal y luego hombre de negocios, no escribió la canción MacArthur como reflejo de sus simpatías políticas. En el momento histórico en que se escribió la canción, como hemos dicho antes, hasta compositores de conocidas tendencias independentistas apoyaban la guerra norteamericana. Maymón gustaba de escribir canciones con temáticas de la actualidad social de Puerto Rico. Escribió un pasodoble al baloncelista Arquelio Torres y compuso himnos a escuelas y organizaciones cívicas. Escribió un tema dedicado al *Grito de Lares*, y una canción titulada *Tres Cruces en el Cerro*, sobre el asesinato de los tres jóvenes independentistas en el Cerro Maravilla en 1978.[163]

EL SEIS DE LA VICTORIA

COMPOSITOR: C.F.

INTÉRPRETE: MARCANO Y SUS JÍBAROS

CIRCA 1945

En un sitio del Pacífico se cayó una bomba atómica
que es una cosa fantástica según dicen los científicos
y comentando los trípticos dicen que eso es infernal
la bomba puede arrasar con una ciudad entera
y donde estalla no queda ni una hormiga pa contar.
Por fin termina la guerra y ya Japón se rindió
volvió la paz a la tierra gracias le damos a Dios.
Hirohito se creyó que era fácil la jugada
que con su flota y su armada podía dominar al mundo
y hoy ve con dolor profundo lo equivocado que estaba.
Hitler empezó primero pero no tuvo talento

pues quería de momento dominar el mundo entero.
En todo estuvo certero hasta que Rusia invadió.
Pero por obra de Dios dos o tres años después por seguir palante fue que su yegua lo tumbó.
Mussolini fue el segundo que la cabeza perdió porque también se creyó que iba a dominar el mundo
pero con dolor profundo sufrió una decepción y en su desesperación nadie la mano le dio por eso fue que murió más pobre que un salchichón.

Esta canción, del grupo que eventualmente se llamaría Cuarteto Marcano, pretende hacer un recuento en décima jíbara de la Segunda Guerra Mundial. La historia de la guerra se puertorriqueñiza en términos de género y de letrística. Esta es la visión del jíbaro puertorriqueño de la victoria aliada de la guerra. La canción hace un recuento jocoso pero certero al definir los puntos principales del resultado de la guerra.

La primera décima narra lo que puede considerarse el punto final de la guerra, el lanzamiento de la bomba atómica en Hiroshima y Nagasaki. Para acomodar dentro del marco festivo de la canción lo que fue un descabellado acto militar en el cual se atacó a la población civil japonesa, el autor, en lugar de decir "se lanzó" escribe en la canción que "se cayó una bomba atómica".[164] Tampoco menciona el lugar específico, aunque luego sí menciona que esta bomba es capaz de destruir a "una ciudad entera". El titular que El Mundo publicó sobre el ataque dio suficiente material al compositor para incluirlo en su décima: "Hiroshima desapareció en nube de humo hirviente al impacto de la bomba atómica". Los detalles del ataque ocupan una esquina de la primera plana del día 9 de agosto de 1945. Las noticias locales, y otras notas militares de menor importancia obtuvieron más destaque que el lanzamiento de la primera bomba atómica usada contra humanos en la historia del planeta. Utilizando la descripción, autorizada por el ejército norteamericano, de los pilotos que llevaron a cabo la misión, la nota de El Mundo describe así la explosión:

"Cada uno de los tripulantes exclamó impresionado: "¡Dios mío!" Y lo que hasta ese momento había sido Hiroshima, ciudad que se dedicaba a sus actividades normales a las nueve y quince minutos en un día de claro sol, voló en una montaña de humo negro y polvo con una cúspide de humo blanco a una altura de cerca de quince mil metros".[165]

La estrategia militar japonesa se basaba en que su poderío naval era suficiente para controlar el área geográfica que invadía. La lejanía de las fuerzas aliadas era, de acuerdo con sus planes militares, un obstáculo insalvable aun para los Estados Unidos; máxime cuando su flota más importante había sido destruida, casi en su totalidad, en Pearl Harbor.[166]

Una vez *El Seis De La Victoria* describe cómo acaba la guerra, comienza a narrar lo que hizo que las otras piezas del eje Berlín, Roma, Tokio fueran cayendo. Primero menciona las ambiciones imperialistas de Hitler. Según sucedió en la historia, la fuerza avasalladora que llevaban las tropas nazis comenzó a perder impulso cuando se abrió el segundo frente contra la Unión Soviética. Luego menciona a Mussolini, quien después de aliarse con los nazis fue abandonado por éstos a su suerte. La canción sugiere la manera en que murió el líder italiano, colgado de una soga en una plaza, a la vista de todos, como se cuelgan los embutidos para secarse; "*más pobre que un salchichón*". Durante los meses previos al fin de la Segunda Guerra (todavía Japón no se había rendido), El Mundo publicó un análisis extenso de "El último testamento de Mussolini". Esta serie de artículos presentaba en detalle la vida y obra del dictador. Estos relatos se hacían en medio de la página y usualmente aparecían antes de la séptima página del periódico. El destaque de los artículos era importante. Nuevamente, los medios influyen en la creación musical de nuestros compositores, dato que se observa en los detalles acertados que se utilizan aun en canciones de corte folclórico y jocoso.

VENGANZA

COMPOSITOR: RAFAEL HERNÁNDEZ
INTÉRPRETE: TITO RODRÍGUEZ CON CUARTETO MARCANO
GRABADO EN: NUEVA YORK
4 DE FEBRERO 1942

Fue la tragedia más horrorosa más inhumana
fue la tragedia que el mundo nunca perdonará.
Noche tranquila todo en silencio todo era calma
cuando de pronto se oyó el rugido por la ciudad.
Cuando la aurora brilló de nuevo sobre Pearl Harbor
dice la gente que avergonzada y triste lloró
porque entre gritos y entre lamentos solo escuchaban
que maldecían a los llamados hijos del sol.
Pero no importa le seguiremos sus mismas huellas
nos vengaremos de los llamados hijos del sol
y en pleno día verán las franjas y las estrellas

de un pueblo que combate con más vergüenza y
con más valor,
y en pleno día verán las franjas y las estrellas
de un pueblo que combate con más vergüenza y
con más valor.

El mismo compositor que parodiaba la conscripción de puertorriqueños para la guerra y que en otras canciones de corte social describía la situación puertorriqueña bajo el régimen colonial impuesto por Estados Unidos, Rafael Hernández, se hizo eco de la consternación general que produjo el ataque japonés a Pearl Harbor. Esta canción grabada en 1942 por el Cuarteto Marcano e interpretada por Tito Rodríguez, refleja el sentir de la comunidad puertorriqueña en y fuera de la Isla. Anteriormente ya hemos expuesto lo que representaba Hawaii para los boricuas de la época y cómo los medios crearon un ambiente proguerra como consecuencia del ataque. Esta atmósfera de venganza y de deseos de desquite es lo que se percibe en *Venganza*. El autor asume el papel de un soldado, o de una nación que va a la revancha contra un enemigo que ataca sin avisar, en una "noche tranquila". El primero de febrero de 1942 una nota de El Mundo describe la situación de la población civil de Hawaii a raíz del ataque japonés de la siguiente manera:

"Después del traicionero ataque japonés contra Honolulu el 7 de diciembre de 1941, la heroica cooperación de la población civil con el cuerpo médico del ejército, las existencias adecuadas de plasma y una nueva terapia a base de sulfonamida para el tratamiento de heridas, salvaron cientos de vidas que pudieron haberse perdido".[167]

La palabra mediática predominante de los días posteriores al ataque a Pearl Harbor es "traición". La Universidad de Princeton realizó una encuesta para la Oficina de Información de Guerra en la que se les preguntaba a los norteamericanos cuál era la palabra que mejor describía a los japoneses. El 73 por ciento de los participantes escogieron la palabra "treacherous" (traicioneros).[168] Cada vez que Roosevelt hablaba sobre la guerra con Japón lo hacía con un tono que invocaba al fervor religioso de la nación norteamericana. En la misma página de El

Mundo, aludida anteriormente, se cita a F.D.R.:

"La nación norteamericana, responsable de sus actuaciones ante la historia y consciente de que tiene que cumplir con las promesas hechas a los hombres que luchan en defensa de los ideales cristianos, ha comenzado a enviar fuerzas expedicionarias a distintos puntos del orbe".

En *Venganza*, Rafael Hernández no dice que esta es una lucha de cristianos contra paganos, pero describe a los japoneses como "*los llamados hijos del sol*". Lo hace varias veces en la canción. De esta manera quita legitimidad al enemigo; lo convierte en un adorador del sol, no un cristiano. El japonés es incapaz de sentir compasión, ataca a traición, en la calma de la noche.

En la última frase de la canción Rafael Hernández profetiza algo, quizás por motivo de los mensajes del presidente norteamericano. Según la canción, los japoneses "en pleno día verán las franjas y las estrellas" de la venganza. Como indicamos antes, la bomba de Hiroshima se lanzó a las nueve de la mañana, y aunque se había advertido de ataques masivos a diferentes ciudades de Japón, al momento del ataque se desconocía el poder de la bomba que sería utilizada, o de su existencia, y según las notas periodísticas de El Mundo (tomadas de partes de prensa internacionales) entre las ciudades que fueron advertidas de posibles bombardeos no se menciona ni a Hiroshima ni a Nagasaki.[169] La venganza norteamericana contra Japón se dio casi tal y cual lo describió Rafael Hernández en su canción *Venganza*.

DESPEDIDA

COMPOSITOR: PEDRO FLORES
INTÉRPRETE: DANIEL SANTOS
GRABADO EN: NY, 21 DE ABRIL DE 1941

Vengo a decirle adiós a los muchachos
porque pronto me voy para la guerra
y aunque vaya a pelear en otras tierras
voy a salvar mi derecho mi patria y mi fe.
Ya yo me despedí de mi adorada
y le pedí por Dios que nunca llore
que recuerde por siempre mis amores
que yo de ella nunca me olvidaré.
Sólo me parte el alma y me condena
que dejo tan solita a mi mamá
mi pobre madrecita que es tan vieja
quién en mi ausencia la consolará.
Quién me la hará un favor si necesita.
Quién la socorrerá si se enfermara.
Quién le hablará de mi si preguntara
por ese hijo que nunca quizás volverá.
Quién me le rezará si ella se muere.
Quién pondrá una flor en su sepultura.

Quién se condolerá de mi amargura si
yo vuelvo y no encuentro a mi mamá.

Sin duda la canción más difundida y recordada del cancionero boricua de la Segunda Guerra Mundial, *Despedida,* es una canción de apoyo a la guerra. En su letra encontramos el mismo respaldo que da Pedro Flores a la guerra en sus otras canciones aquí discutidas. Este es un tema que apela a los sentimientos de los oyentes puertorriqueños. Para el protagonista de esta canción, interpretada por Daniel Santos, la guerra se justifica porque a través de la misma va a defender a la patria, al derecho propio y a la fe.[170] Se combina el sentido patriótico con el religioso y el civil. Una vez establecida la necesidad y la prudencia de ir a la guerra, el protagonista menciona los sacrificios que dicha participación militar representa: la posibilidad de perder el amor de su vida, y la posibilidad de que al llegar no encuentre viva a su madre o de que su madre sufra a causa de su muerte en combate. Esta canción fue grabada antes de que se otorgara a los soldados boricuas el famoso "dependant" o subsidio familiar que llevaría a nuestros jóvenes a desear entrar a las filas del ejército, y antes de que el propio intérprete de la misma fuera llamado a servir en las islas de Hawaii.[171]

Cuatro meses antes de que se grabara *Despedida*, F.D. Roosevelt había presentado al Congreso norteamericano uno de sus más importantes discursos en torno a la guerra. Conocido como el discurso de las cuatro libertades (the four freedoms speech), sirvió de inspiración al reconocido ilustrador norteamericano Norman Rockwell para crear una serie de ilustraciones basadas en el mismo. De las cuatro libertades mencionadas en el discurso y presentadas luego, con las ilustraciones de Rockwell, en la campaña de compra de bonos de guerra, tres son mencionadas en la canción *Despedida*: libertad de expresión, mi derecho; libertad de religión, mi fe; libertad de carencia, mi patria. El discurso además añade la libertad del miedo a la posibilidad de que una sola nación tenga el armamento suficiente como para imponer su voluntad sobre el resto de las naciones del mundo.

Don Pedro, residente en Nueva York al momento de este esfuerzo mediático, integró muy bien el mensaje presidencial a su sentimental canción, en un momento en el que todavía la vida militar no representaba el buen futuro que representaría un tiempo después con la llegada del "dependant".[172]

FRENTE AL MAR

COMPOSITOR: PEDRO FLORES
INTÉRPRETE: CONJUNTO FLORES
CIRCA 1943

Pasaron las tropas por frente a la plaza
van camino al puerto de su embarcación.
Son americanos de todas las razas
de todos colores de toda nación.
Patriotas iguales que van pa la guerra
bajo una bandera bajo un pabellón.
Pero hay un muchacho nacido en mi tierra
que al llegar al muelle cometió esta acción.
Fue y le dijo adiós a su papá y a su hermanita
Ester.
Un abrazo le dio a su mamá una lágrima
surgió para él.
Fue y le dijo adiós a los amigos que pudo
encontrar
y salió del grupo y fue a pararse frente al mar.
Entonces vio a lo lejos a su tierra natal
se puso en atención y así empezó a cantar
adiós Borinquen tierra querida voy a Francia a

> *defender tu libertad tu porvenir*
> *por tu honor combatiré*
> *hasta vencer o allí morir.*

De este tema no tenemos fecha exacta de grabación, pero podemos, por su temática y sus intérpretes, inferir que data de los primeros años de movilización militar hacia Europa. *Frente al Mar* es otro tema de Pedro Flores (que en canciones alusivas a la Segunda Guerra fue nuestro más prolífico compositor), en el cual se ve su claro respaldo a la intervención norteamericana. En ella se percibe una falsa ilusión o "wishfull thinking". Don Pedro ve un ejército integrado étnica y racialmente de "*americanos de todas las razas de todos colores de toda nación. Patriotas iguales que van pa la guerra bajo una bandera bajo un pabellón*". Esto no se dio hasta varios años después de la guerra. Es como si el autor, a través de sus canciones, estuviera pidiendo una igualdad que aun con la necesidad apremiante de la guerra no se da. Según lo presentó en *Unión*, este deseo de igualdad lo deja notar en *Frente al Mar*. Al final de la canción, el autor revela que la patria que va a defender es Puerto Rico. El empuje mediático adquiere una fuerza tal en el compositor que éste iguala a la colonia con la metrópoli. La libertad de Puerto Rico deja de estar en manos de los norteamericanos; en esta canción la libertad de la patria boricua se lucha en Francia.

La caracterización que hacen nuestros compositores del rol del boricua en la guerra de la metrópoli va de lo heroico a lo satírico. Tanto Rafael Hernández como Pedro Flores ven al soldado boricua capaz de luchar por "*su derecho, su patria, y su fe*", como lo ven "*dando culeño*" a la hora de enfrentarse en combate al enemigo.

Como hemos discutido antes, tomando como referencia el trabajo de Che Paralitici sobre el reclutamiento de soldados en Puerto Rico, aun con las ansias de unirse al ejército que tenían los jóvenes de la época, en su gran mayoría fueron rechazados. Las mismas condiciones de pobreza y desnutrición que empujaban a los boricuas a querer ir a la guerra, los descalificaban para hacerlo.

JUAN

COMPOSITOR: PEDRO FLORES
INTÉRPRETE: DANIEL SANTOS
GRABADO EN: NY
3 DE OCTUBRE DE 1940

Juan ahora sí que se te ha puesto malo
que ahora vas a tener que ir a pelear
Juan ahora sí que se te ha puesto malo
que ahora vas a tener que ir a pelear.
Y dicen del Japón que las cosas no estaban
como están.
Juan dile adiós al vacilón amárrate el pantalón
y ponte como una piedra.
Cómo vas a dar culeño cuando vayas a la
guerra
y te enfrenten un cañón
oye un cañón que no es lo mismo.
Juan, yo conozco un chamaquito jovencito y
aguzado
que anda muy entusiasmado
con que tú vas pa la guerra.
Tan bonita que es tu negra

y la pobre va a quedarse sin quien le tenga cuidado.
Van pa la guerra van pa la guerra
Se van todos los muchachos y las muchachas se quedan
y nosotros los viejitos haremos lo que se pueda.
Si Quintana va a la guerra yo llevo los ingredientes
paque me haga un mofonguito como los que hace en el puente.

Aunque Pedro Flores y Daniel Santos sirvieron en el ejército norteamericano ninguno estuvo en combate. Para 1940, ya se sabía que Estados Unidos, tarde o temprano entraría en el conflicto. La economía paralela que creaba el expansionismo militar de Estados Unidos en la Isla estaba a la vista de todos. Los boricuas acababan de salir de la peor época económica y sociopolítica desde la invasión norteamericana. Aun los que no ingresaban en el ejército podían percibir tendencias de cierto progreso en la situación isleña; especialmente los que residían en las zonas de desarrollo de bases militares. [173] Para el año en que se escribió esta canción y las dos canciones siguientes, ir al ejército no tenía las ventajas que tendría apenas un año después cuando se implantó el programa de beneficios a los dependientes de los soldados. Si el Juan de esta canción representa al recluta boricua, Pedro Flores teme que éste no esté preparado para la guerra. El Juan de Pedro Flores va a sentir miedo; no es el heroico boricua que va a defender con honor su patria. Aquí Juan es el individuo de carne y hueso que va a enfrentar a los cañones del enemigo, *"que no es lo mismo"*. Esta vez, según la canción, Juan va a tener *"que ir a pelear"* porque en el Japón *"las cosas no estaban como están"*.

El Juan del que habla Pedro Flores tiene que dejar la fiesta, amarrarse el pantalón y preocuparse por la mujer que deja en la Isla. Aún el "dependant" no existe, así que *"la pobre va a quedarse sin quien le tenga cuidado"*. A manera de burla, el autor sugiere que, a falta de hombres jóvenes en la Isla, los "viejitos" se encargarán de cuidar a las muchachas que se queden solas.

EL JÍBARO RECLUTA

COMPOSITOR: PEDRO FLORES
INTÉRPRETE: CONJUNTO FLORES
GRABADO EN: NY
14 DE NOVIEMBRE DE 1940

El *Jíbaro Recluta* del que habla don Pedro en esta canción es diferente del Juan de la canción anterior. Este boricua aspirante a soldado lo que quiere es servir en el ejército, irse de una vez, ya que cumplió la edad necesaria para hacerlo. Está deseoso por ponerse el uniforme para "*conquistar el mundo entero*". Al igual que en la canción anterior el interlocutor es "un viejito" de los que se van a quedar cuando el soldado se vaya. Este interlocutor, que como Pedro Flores y Rafael Hernández fueron militares durante la Primera Guerra Mundial, le aconseja al aspirante a recluta cómo pelear en la guerra para salir airoso, pero le recuerda que no cogen a todos los que quieren ingresar al ejército. Por la manera de hablar del recluta se da a entender que no será aceptado en un ejército que él ve de una manera ingenua como si fuera un juego en el que lo más importante es ponerse un uniforme.

*Yo tengo veintiún años
cumplidos el mes pasado
no debo a nadie un centavo....
Yo nunca he sido tacaño
para gastar mi dinero y ahora mi amigo Don Felo
que representa la guerra si hay que pelear por mi tierra
yo conquisto el mundo entero...
Yo no soy más que un viejito de los que estuvo en la otra
pero boté la pelota donde hay que ser un machito
voy a darte un consejito que quizás pueda ayudarte
ten valor y pega alante
con el que vaya sudado que si eres un buen soldado
no tienes por qué apurarte.
Todavía no me han llamado
y ya estoy loco por dirme*

porque yo quiero vestirme
cómo se viste un soldado
quiera Dios que al ser llamado
yo fuera de los primeros
ya usted ve que no le temo a lo que designa la suerte
que si no me dan la muerte yo conquisto al mundo entero.
Acuérdate que ellos cogen
más no los cogen toditos
así que tú mi amiguito te cogen o no te cogen.
Si eres de los que te cogen
vas atrás o vas alante
si no eres de los de alante
no es tan fácil que te hieran
y después que no te hieran no tienes porqué apurarte.
Si es que te dan una herida en mitad del corazón
y está pega al corazón de la cintura para arriba
y si se me va la vida....

en cuanto acabe la guerra yo conquisto al mundo entero.

CUANDO DIGAN FUEGO

COMPOSITOR: RAFAEL HERNÁNDEZ
INTÉRPRETE: CUARTETO FLORES
GRABADO EN: NY
SEPTIEMBRE DE 1942

Yo quiero ver a esos guapos que quieren ir a pelear.
Yo quiero ver a esos guapos cuando los llame el Tío Sam.
Yo quiero ver si es lo mismo que estar jugando al billar
ver un fusil o un cañón de esos que no comen na.
Fuego cuando digan fuego
ay mi madre sálvame....
Paren no me maten paren
que me caigo y en suelo yo no sé pelear.
Y así la patria verá que aquellos guapos de ayer
cuando les toca pelear
son buenos para comer
y a la hora de defender son buche y pluma no

más.

Apenas unos meses después de que se grabara su canción *Venganza*, en la interpretación de uno de los muchos grupos que formó Pedro Flores, Rafael Hernández da un giro a la seriedad de la guerra. De pronto, en el deseo de los boricuas por ingresar al ejército, en un momento en que ya se comienzan a dar beneficios a los dependientes de los soldados, el compositor ve que la intención del soldado es más de beneficio propio que de patriotismo hacia la metrópoli. Al igual que el *Juan* de Pedro Flores, estos soldados no saben a lo que van, son cobardes. Tan pronto entren en combate y se enfrenten a la realidad del "fusil" o del "cañón" van a tirarse al suelo a pedir que paren de disparar. Según Rafael Hernández, estos son los soldados boricuas que "*cuando les toca pelear son buenos para comer y a la hora de defender son buche y pluma no más*".

Durante los años de la Segunda Guerra Mundial fueron grabados otros temas que mencionan al soldado boricua que sirve durante el conflicto bélico. La tendencia hacia los temas sentimentales que se iba desarrollando a la par del desarrollo de la industria discográfica y de la expansión de las radioemisoras, se reflejó hasta en los temas que tocaban el tema de la guerra. En estas canciones los temas recurrentes son el soldado que se aleja de su pareja o de su madre, el tema pícaro del soldado que deja a su pareja sola y de aquellos que estarán pendientes de "cuidársela" y el soldado que muere en la guerra.

Algunas de estas canciones fueron escritas en Nueva York por el español Leopoldo González. Este compositor, que visitó a Puerto Rico en dos ocasiones, se relacionó tanto con la colonia boricua de Nueva York que llegó a escribir canciones patrióticas a Puerto Rico de la importancia de "*Puerto Rico*" *(Puerto Rico, Patria de mis amores, jardín de flores, sólo pienso en ti...)*. En sus canciones sobre el soldado boricua, especialmente en las pícaras, se nota un desconocimiento de la realidad social de la Isla cuando (acaso después de tener contacto con la poesía negroide caribeña) compone canciones con frases condescendientes como "*Pancho va a la guerra, lleva la bemba rosá... pon*

pon pon prepara la escopeta con precisión...pon pon pon coge la puntería con el cañón".[174] Los puertorriqueños negros eran segregados al ser reclutados para regimientos norteamericanos. No fue hasta bastante entrada la guerra que pudieron integrarse al combate.

La canción sentimental de esta época, aunque toque el tema de la guerra, no es más que el preámbulo de lo que vendría a ser la tendencia letrística posguerra; primero el bolero romántico y luego la balada romántica. No sería hasta los años setenta que volverían a programarse en nuestras emisoras canciones con un cierto atisbo de temática social, especialmente la música navideña y la salsa boricua proveniente de Nueva York.

Una Guerra en Cantos: Conclusiones

En las elecciones generales del 1936 el partido político más favorecido por los electores puertorriqueños, el Partido Liberal, promovía la independencia para la Isla. En 1937, el fundador y líder de lo que vendría a ser el partido político dominante durante las próximas tres décadas, el Partido Popular Democrático, Luis Muñoz Marín, escribía a su esposa: "No puedo abandonar la independencia por unos centavos...tengo que seguir luchando aquí". [175] En 1938 Ruby Black, amiga personal de Eleanor Roosevelt y corresponsal en Washington del periódico la Democracia, escribe a Muna Lee, entonces esposa de Muñoz Marín: "La presente situación internacional es tal que el Congreso no le concedería la independencia a Puerto Rico".[176] En 1940 el recién creado Partido Popular gana las elecciones con la ayuda estratégica del Departamento de Interior de Estados Unidos. El estribillo publicitario de la campaña de Muñoz Marín era: "Viva Roosevelt, Viva la Democracia". En cuestión de unos años Puerto Rico pasó de apoyar masivamente a un partido político independentista, a apoyar un partido cuya prioridad no era resolver el estatus colonial de la Isla. Asimismo, compositores boricuas en la Isla y en Nueva York, que antes produjeron temas con marcadas inclinaciones independentistas, comienzan a escribir y producir canciones y grabaciones discográficas que analizan más la situación internacional de los Estados Unidos, su participación en la guerra y la participación puertorriqueña en la misma. La patria era, de pronto, Estados Unidos. El "tirano" era cualquier nación que estuviera en contra de los Estados Unidos de América.

En el presente análisis hemos expuesto que:

1-Hubo, a partir de 1938, una producción considerable, sin antecedentes, de canciones populares que giraban en torno a la guerra, que la veían venir y que la apoyaban.

2- Los compositores y el resto de la población boricua fueron disuadidos, al igual que la población norteamericana, de manera sistemática, a apoyar la guerra incondicionalmente. Esta tendencia en la cancionística boricua no se ha repetido en el caso de guerras subsiguientes a la Segunda Guerra Mundial porque no se han vuelto a presentar los factores que se dieron en la coyuntura socioeconómica de los años 1938-1945.

El primero de los factores de tal coyuntura fue el factor mediático. Según lo expone José Luis Torregrosa en su obra sobre la historia de la radio en Puerto Rico, y refiriéndose a los comienzos de la difusión radial en la Isla: "Los Puertorriqueños de aquellos años en que nos llega la Radio, padecían la fiebre de estar bien informados, de aprender y de saber". WKAQ fue la quinta emisora radial comercial establecida en el mundo.[177] En cada rincón de Puerto Rico había un periódico opinionado analizando el quehacer político insular e internacional. Cada día se inauguraba nuevos cines. En todos los frentes, la Segunda Guerra Mundial, fue una guerra en la que, por primera vez en la historia, la propaganda, la cobertura casi inmediata de los hechos desde el frente mismo entraba directamente a los hogares a través de la radio; se presentaba antes de la película de estreno en los cines y se ponía gráficamente frente a las masas en las portadas, los partes de prensa, los editoriales, los anuncios y hasta en las tirillas cómicas de los periódicos de Puerto Rico.

El segundo de los factores que influyó en la cantidad de canciones boricuas alusivas a la Segunda Guerra Mundial fue la ola migratoria de puertorriqueños hacia Nueva York. La comunidad puertorriqueña en dicha ciudad creó oportunidades de empleo para los músicos boricuas. A tal punto llegó la influencia de esta comunidad en la producción musical puertorriqueña que más del 90 por ciento de las canciones escritas por puertorriqueños o para el mercado boricua en y fuera de la Isla desde 1900 hasta 1942 fueron grabadas en Nueva York. La presencia de nuestros compositores en la ciudad más importante de la metrópoli en los años de la guerra los puso en contacto con el más agresivo aparato de propaganda de Estados Unidos. Convencer a Nueva York de que la guerra era "buena", era convencer al resto de la nación norteamericana, y era, dada la importancia de la industria discográfica boricua en Nueva York, convencer a los boricuas de todas partes.

El tercer factor que se dio para que, como reflejo de la aceptación general de los puertorriqueños al esfuerzo bélico norteamericano, nuestros compositores apoyaran o aludieran a la guerra en sus canciones, fue los cambios, reales o de imagen, que trajo consigo la presidencia de Franklin D. Roosevelt. Antes de que la guerra produjera la bonanza económica de los años posteriores a la misma, ya algunos de los programas del Nuevo Trato se extendían a la Isla. Por primera vez, desde la invasión estadounidense se notaba cierto grado de buena voluntad hacia la colonia. Ambos, la esposa del presidente y el presidente visitaron la Isla, y, aun más en el caso de Eleanor Roosevelt, dieron una atención sin antecedentes a las condiciones paupérrimas de nuestros campesinos. Además de que F.D. Roosevelt, ex gobernador del estado de Nueva York tenía un inmenso factor de reconocimiento entre los boricuas de la principal ciudad de ese estado, su pariente, y primo de su esposa, Theodore Roosevelt, Jr., había sido gobernador de la Isla; un gobernador, que como lo expusimos en nuestro análisis (*Papá Roosevelt*) fue muy querido por los boricuas.

El tema de la Segunda Guerra Mundial en la cancionística popular puertorriqueña se dio, principalmente, como consecuencia de los siguientes factores:

1-La exitosa campaña mediática desarrollada por la Oficina de Información de Guerra. La guerra acaparó la atención del público puertorriqueño.

2- Los cambios económicos que trajeron a la población civil de la Isla el Nuevo Trato y el expansionismo militar estadounidense, luego de la peor década, en términos socioeconómicos, en la historia de Puerto Rico

3-Los beneficios económicos que recibieron los soldados boricuas y sus dependientes.

4- Los ataques alemanes en el área del Caribe.

5- La emigración boricua a Nueva York y a

lugares en el teatro militar como Hawaii.

Muy posiblemente en ninguna parte del mundo se le haya cantado tanto a una guerra. En Puerto Rico la Segunda Guerra Mundial fue una guerra registrada para la historia, en canción. Aquí se le cantó a la guerra.

Notas y Bibliografía

[1] Pablo Marcial Ortiz, *A Tres Voces Y Tres Guitarras; Los Tríos En Puerto Rico* (Santo Domingo: Editora Corripio, 1999).

[2] Ruth Glasser, *My Music Is My Flag: Puerto Rican Musicians And Their New York Communities 1917-1940* (Los Angeles: University of California Press, 1995), 71.

[3] Aunque en el mercado norteamericano sí hubo canciones que cubrían aspectos de la guerra como *"We'll always remember Pearl Harbor"* de Alfred Bryan y otras más, ninguna logró una difusión significativa como para entrar en el listado de las más populares. De las 40 canciones más difundidas en los Estados Unidos durante la Segunda Guerra Mundial, sólo una menciona el tema militar, *"The GI Jive"*, de Johnny Mercer, una parodia de la vida del soldado en la base militar, no en batalla. El resto de la música popular difundida en la época es romántica o de ritmos bailables, muchas veces instrumentales. Ver: "Those Were Our Songs: Music if World War II. Songs That United, Inspired and Sustained a Nation at War", Capitol Records, 2001. Para un análisis de la cancionística sociohistórica estadounidense de los años de la guerra, ver: Dianne Holloway, Bob Chenney, *American History in Song: Lyrics from 1900 to 1945* (Lincoln, Nebraska: Authors Choice Press, 2001).

[4] El término "standard" se utiliza en el argot de la industria radial y discográfica para denotar aquellas piezas musicales que continúan siendo difundidas a pesar del tiempo. Podríamos

llamarles temas inmortales, canciones que rebasan fronteras generacionales. Ejemplo de estas canciones en el mundo hispano lo son "*Bésame Mucho*" o "*El Cumbanchero*" y en el mundo anglosajón "*Yesterday*" de los Beatles o la canción navideña "*Noche de Paz*".

[5] Ninguna canción sobre el tema de una guerra que no fuera la Segunda Guerra Mundial tuvo difusión masiva en los medios, con excepción de *Oui Madame* de Rafael Hernández. Aun así el tema de dicha canción es uno romántico. No habla de la guerra como tal, pero fue escrita a raíz del desempeño del compositor como músico de la orquesta militar de James Reese durante su paso por la Francia de la Primera Guerra Mundial.

[6] Paul Kennedy, *The Rise and Fall of the Great Powers: Economic Change and Military Conflict from 1500 to 2000*, 1st Vintage Books ed. (New York: Vintage, 1989), 242- 249.

[7] James R. Barrett, *"Americanization from the Bottom Up: Immigration and the Remaking of the Working Class in the United States, 1880-1930,"* Journal of American History 79, no. 3 (1992): 1014,(traducción mía).

[8] Fraser M. Ottanelli, *The Communist Party of the United States: from the Depression to World War II* (New Brunswick: Rutgers University Press, 1991), p.10.

[9] Recordemos que, dentro de las tendencias filosóficas de la época, el anarquismo, con todas sus variantes, abogaba por una sociedad sin estado, sin instituciones que tuvieran control social

sobre el individuo. Además, el filósofo William James, en boga y activo durante fines del siglo 19 y principios del veinte, proponía que, aunque el militarismo producía ciertas cualidades deseables en el ser humano, era necesario hallar una manera no militar de fomentar tales virtudes. Cosas que en la actualidad mundial se toman por sentadas, (gracias a los procesos propagandísticos y de control social de la modernidad) al entrar el siglo veinte eran debatidas con gran tenacidad desde frentes disímiles. A James se le atribuye el haber acuñado el término *pacifismo* cuando lo usó en su postura anti militar. Ver: Richard M. Gale, *The Philosophy of William James: an Introduction* (Cambridge: Cambridge University Press, 2004), p.180.

[10] Ottanelli, p.17 (traducción mía).

[11] Ibidem.

[12] La población de Estados Unidos, en 1940 era de 132 millones de habitantes. Entre 1900 y 1940 llegaron a Estados Unidos 19 millones de inmigrantes. Si a la población total le restamos las llamadas minorías negras, nativas e hispanas, podemos deducir que gran parte de la población, si no la mayoría de los ciudadanos de ascendencia europea, era de primera y segunda generación de inmigrantes. La nación estadounidense aún estaba en proceso de formación. *US Bureau of the Census*, op. cit., págs.7,56.

[13] Roy Rosenzweig Center for History and Media, "Huey Long and Share our Wealth" George Mason University,

http://chnm.gmu.edu/courses/hist409/long/long.html (obtenido en enero 10, 2012)

[14] John W. Jeffries, *War Time America: The World War II Home Front* (Chicago: Ivan R. Dee, 1996), 145.

[15] Theodore Roosevelt Jr., pariente lejano de Franklin Delano Roosevelt y primo de Eleanor Roosevelt, era a la sazón gobernador de Puerto Rico y, por lo que dice la canción de Pedro Berríos, *Papá Roosevelt*, parecía tener el respaldo de gran parte de la población insular. Una estrofa de la canción, escrita en 1930, dice que: "*Hoy Puerto Rico se encuentra con orgullo y con amor porque tiene un defensor que ni enviado del cielo. Grita Puerto Rico entero: que viva el gobernador*".

[16] Anthony J Badger, *The New Deal: the Depression Years 1933-1940* (New York: Palgrave, 1989) 311. (Traducción mía).

[17] Jeffries, p.12.

[18] El director de la Oficina de Información de Guerra, Elmer Davis resumía el principal mensaje de la agencia de la siguiente manera: "that we are coming, that we are going to win, and that in the long run everybody will be better off because we won". Jeffries, p.177.

[19] Oficina de Asuntos Legislativos, "Perfiles de los 30's y los 40's: El Mundo, Estados Unidos y Puerto Rico, http://www.oslpr.org/PDFS/Perfiles.pdf (Obtenido 10 de marzo 2012).

[20] Félix R. Huertas, *Deporte e Identidad; Puerto Rico y su Presencia Deportiva Internacional (1930-1950)*. San Juan: Terranova Editores, 2006. 62.

[21] Según surgió de la nota del fallecimiento de Robert Gayes Gore en el Park City Daily News, el 27 de diciembre de 1972, cuando Eleanor Roosevelt visitó Puerto Rico se alineó con los que se oponían a la ley de la enseñanza en inglés en las escuelas públicas. Según amigos de Gore, éste regresó a Washington y le dijo a F.D. Roosevelt: "If Mrs. Roosevelt is going to be the governor of Puerto Rico, why the hell don't you appoint her governor of Puerto Rico? Because as of now I quit". Ver: Daviees County native R.H. Gore Sr., former newspaper owner dies.http://news.google.com/newspapers?nid=1697&dat=1972 1227&id=UyQqAAAAIBAJ&sjid=o0YEAAAAIBAJ&pg=5553 ,4345876 (consultado en agosto 8, 2012).

[22] Luis M. Díaz Soler. *Puerto Rico: Sus Luchas Por Alcanzar Estabilidad Económica, Definición Política Y Afirmación Cultural* (Isabela, Puerto Rico: Isabela Printing, 1998), 211.

[23] La gobernación de Blanton Winship, que cubrió gran parte de la década del treinta, fue junto con la Gran Depresión, los huracanes San Felipe y San Ciprián y el comportamiento de las corporaciones azucareras y sus servidores isleños, una de las razones principales para que esa década fuera la peor de nuestra historia. El 14 de agosto de 1939, en una ponencia titulada "Five Years of Tyranny", el congresista neoyorquino Vito Marcantonio

expuso ante el Congreso de los Estados Unidos lo que había sido la administración del gobernador Winship en Puerto Rico. En dicha ponencia Marcantonio explicó cómo Winship había sido durante sus cinco años de gobernador el defensor acérrimo de los intereses del azúcar en Puerto Rico. Aún después de haber sido expulsado de su puesto de gobernador Winship continuó tratando de evitar que el Congreso aprobará leyes de reforma salarial para los trabajadores de la caña de la isla. Winship pretendía que no se incluyera a Puerto Rico en el "Fair Labor Standards Act" para beneficiar los intereses de Wall Street. Marcantonio describió la gobernación de Winship de la siguiente manera: "Mr. Blanton Winship destroyed the last vestige of civil rights in Puerto Rico. Patriots were framed in the very executive mansion and railroaded to prison. Men, women, and children were massacred in the streets of the island simply because they dared to express their opinion or attempted to meet in free assemblage". Marcantonio describió en el pleno del Congreso cómo Winship controlaba a su parecer el sistema judicial de Puerto Rico, cómo había militarizado la policía al punto de convertirla en una organización de provocadores y asesinos. Con lujo de detalles presentó a los congresistas los acontecimientos de la Masacre de Ponce. En el cierre de su ponencia de 1939 Marcantonio concluyó que no había lugar en Estados Unidos para prisioneros políticos, que mientras Puerto Rico continuara como parte de la nación americana, la isla tenía que contar con los mismos derechos, libertades y justicia que el resto del país. Al finalizar demandó un perdón inmediato e incondicional a los presos políticos perseguidos por el gobierno de Winship. Ver: Vito Marcantonio, Five Years of Tyranny, Congressional Record cj August 14, 1939. The Life of Piri Thomas http://www.cheverote.com/reviews/marcantonio.html (consultada en abril 4 de 2012).

[24] Dietz,164.

[25] Dietz,168.

[26] Liebán Córdova, *Luis Muñoz Marín y sus Campañas Políticas: Memorias de su Secretario-Taquígrafo Personal*. Río Piedras: Editorial de la Universidad de Puerto Rico, 1985. 20.

[27] Alianza Bolivariana para los Pueblos de América, Pedro Albizu Campos (1891-1965)El Último Libertador De América, http://www.alianzabolivariana.org/modules.php?name=Content&pa=showpage&pid=430 (consultada en 8 de julio de 2012).

[28] Córdova, 17.

[29] Córdova, 19.

[30] Huertas González, op. cit., 67.

[31] Héctor A. Negroni, *Historia Militar de Puerto Rico*, (Sociedad Estatal Quinto Centenario, 1992).

[32] El teórico de lo que vendría a ser la doctrina naval norteamericana del siglo 20, Alfred Mahan, tuvo un papel fundamental en la expansión imperial de Estados Unidos, acaso mayor que la de cualquier presidente, con la posible excepción

de Theodore Roosevelt. Graduado de la Academia Naval de Estados Unidos en 1856, Mahan concentró su carrera en el estudio de la historia naval. Con la publicación de su obra *The influence of Sea Power Upon History: 1660-1783*, se estableció como el más respetado académico naval de su época (ver James S. Olson, Ross Marlay, and Joseph M. Rowe, eds., *Historical Dictionary of European Imperialism* (New York: Greenwood Press, 1991), 380-381.). Esta obra, y otras publicadas luego por Mahan, realizan un análisis profundo de la influencia de las fuerzas navales en el exitoso esfuerzo imperialista de Gran Bretaña. En las obras de Mahan no sólo se inspiraron los imperialistas estadounidenses, sino que surgió el interés de expansionismo de países que antes no figuraban en el mapa imperial como Bélgica y Alemania.

[33] Kennedy, op. cit., 144, (traducción mía).

[34] Mariá Eugenia Estades Font, *La Presencia Militar de Estados Unidos En Puerto Rico, 1898-1918: Intereses Estratégicos y Dominación Colonial*, 1a ed. (Río Piedras, P.R.: Ediciones Huracán, 1988), 29.

[35] Estades, p. 38.

[36] Russell F Weigley, en su obra sobre la política militar de los Estados Unidos, argumenta que la preocupación de una invasión y eventual ocupación alemana a los Estados Unidos era evidente en los más altos niveles jerárquicos del país."Because of the neglect of careful study of the maritime capacity that might be required to transport an army overseas, President Theodore

Roosevelt was able to revive outdated fears and to entertain seriously the fantasy of a German invasion of the Western Hemisphere on a scale large enough to threaten the United States. The preparedness campaigners of the early years of the War of 1914 could similarly frighten their audiences with visions of vast German columns making another Belgium of the United States". Russell F. Weigley, *The American Way of War: A History of United States Military Strategy and Policy*, Indiana University Press paperback ed. (Bloomington: Indiana University Press, 1977), 190.

[37] Kennedy, 202-203.

[38] Kennedy, 209-215.

[39] Estades, 72.

[40] Estades, p. 73.

[41] Sobre los ataques de submarinos a Puerto Rico durante la Segunda Guerra Mundial, escribe Dietz: "Durante el 1942, cuando las defensas del Caribe eran débiles, los submarinos alemanes atacaban con frecuencia los barcos en ruta desde o hacia Puerto Rico". Ver: James L. Dietz. *Historia Económica de Puerto Rico* (Río Piedras: Ediciones Huracán, 1984), 220. En un informe de guerra desclasificado en 1972 se hace la siguiente anotación: "It is now thought that the ship torpedoed by H.M. submarine Trident on the 23rd was an eight inch cruiser of the Prino Eugen class. One of H.M. paddle minesweepers shot down an enemy aircraft off the Humber and possibly damaged

another yesterday. A 5,800-ton British tanker was torpedoed southwest of Puerto Rico on the 25th and two small British ships were torpedoed off British Guiana on the 23rd and 24th respectively". http://docs.Franklin Delano Rooseveltlibrary.marist.edu/psf/box36/a329cc06.html (consultada el 13 de febrero de 2012).

[42] Al presente, con el desarrollo de las nuevas tecnologías bélicas, las armas de largo alcance y el desarrollo del poderío aéreo, la localización geográfica de Puerto Rico no tiene la importancia que tuvo antes. Prueba de ello es el cierre (por una orden aparentemente impulsiva) de lo que fue una de las bases navales más importantes del mundo, Roosevelt Roads. Como explica César Ayala en su artículo sobre las expropiaciones de terrenos en el Vieques de los años 40, esta base fue construida con la intención de (de ser necesario) albergar toda la flota naval británica. Ver César Ayala, *"From Sugar Plantation to Military Bases: The U.S. Navy's Expropriations in Vieques, Puerto Rico, 1940-45,"* Centro Journal 13, no. 1 (2001): 23-43. Alfred Mahan, argumentaba que "una nación que contara con una buena localización con relación a las rutas de navegación marítima (principal vía de comercio, transporte y comunicación) y que poseyera el poderío naval para dominarlas, gozaba de una excelente posición para alcanzar el predominio económico y político a escala mundial". Estades Font, p.26.

[43] En 1811, Thomas Jefferson planteaba conseguir el consentimiento de Napoleón Bonaparte (para esta época España estaba bajo el dominio francés) para añadir a Cuba a la Unión Americana. John Quincy Adams, al momento Secretario de Estado de Estados Unidos, creía que el "destino manifiesto "de Estados Unidos era dominar todo el hemisferio occidental y que Estados Unidos debía comenzar a familiarizar al resto del mundo con esta realidad. Ver: Eric Williams, *From Columbus to Castro: the History of the Caribbean, 1492-1969*, (New York: Vintage, 1984), 409-411.

[44] J. Vázquez Calzada, *La Población de Puerto Rico y su Trayectoria Histórica* (Río Piedras: Raga Offset Printing, 1988), 35.

[45] US Bureau of the Census. Op cit p. 12.

[46] Fernando Picó,*Historia General de Puerto Rico, 1a ed. (Río Piedras, P.R.: Ediciones Huracán, 1988), 226.

[47] Entre los puertorriqueños que entrenaron en Camp Las Casas en 1917 estuvo Pedro Albizu Campos.

[48] El "pie forzao" es el término que se usa en Puerto Rico para nombrar el último verso de una décima improvisada. En los concursos de trovadores se les suele dar a los decimistas este "pie forzao", secreto hasta entonces, a partir del cual tienen que crear, al momento, y con una melodía particular en el género del "seis", su décima. Mi primer encuentro con el arte de la improvisación jíbara fue en un parque del Bronx, Nueva York. Entre edificios dilapidados, en la peor época de ese barrio

neoyorquino, los trovadores boricuas de la diáspora improvisaban sus décimas como se hacía en la ruralía de Puerto Rico.

[49] Phillip Tagg, "*Analysing popular music: theory, method and practice*," Popular Music v.2, 1982: 40(Traducción mía).

[50] Agustiné Vélez: 5 de diciembre de 2009, Santurce,Puerto Rico.

[51] Pedro Malavet Vega. *Historia de la Canción Popular en Puerto Rico: 1493-1898* (Santo Domingo: Editora Corripio 1993) P.18.

[52] Tagg, 39.

[53] Malavet Vega, 21.

[54] Mariano Muñoz Hidalgo. "Bolero y modernismo: la canción como literatura popular". Literatura Lingüística n. 18, 2007.

[55] Dietz, 115.

[56] Dietz, 115.

[57] Tagg, 38 (traducción mia).

[58] Pekka Grunnow, "The record industry: the growth of a mass medium," Popular Music,vol. 3, 1983: 59.

[59] Para principios de siglo y hasta que se comenzó a grabar discos de 33 revoluciones, cada disco tenía dos canciones, una por cada lado, con una duración que no pasaba tres minutos. Cada producción era un "producto". He ahí la razón para se realizaran tantos productos.

[60] Cristóbal Díaz Ayala, *Discografía De La Música Puertorriqueña:1900-1942*. (Río Piedras: Publicaciones Gaviota,

2009), 52-53.

[61] Ruth Glasser, 55-56.

[62] Díaz Ayala, 11.

[63] Díaz Ayala, 12-13.

[64] Díaz Ayala, 15-16.

[65] Díaz Ayala, 17.

[66] Francisco Rivera Lizardi, *La guerra y yo* (Río Piedras Editorial Raíces, 1991), 10.

[67] Rivera Lizardi,9.

[68] El Mundo. 18 de diciembre de 1944.

[69] Vázquez Calzada, 53.

[70] Vázquez Calzada, 286.

[71] Díaz Ayala, 71.

[72] Glasser,147-148.

[73] En los primeros formatos de grabación, como por ejemplo los discos de 78 revoluciones, cada disco equivalía a una canción. Eventualmente la tecnología del 78 evolucionaría a dos canciones por disco.

[74] La influencia de la retórica política de la época se ve claramente en este verso que, insertado en un seis chorreao, nos da una muestra clara de las ironías que pueden percibirse en las canciones de la época. Alguien que utiliza esta frase tiene que haber tenido contacto de alguna manera con las luchas obreras del país. Hay que recordar que Arturo Cátala, dueño de Los Jardineros, y su director musical Heriberto Torres, eran del

pueblo de Guayanilla, en la zona cañera más importante de la Isla. El empresario y los músicos (seguramente de clase humilde), cantan a un gobernador que defiende al trabajador sin tirarle al empresario.

[75] "El capital norteamericano no sólo entró rápidamente en la economía y transformó los métodos y las relaciones de producción, sino que aprovechó las disposiciones de las leyes Foraker y Jones que garantizaban que Puerto Rico comerciara casi exclusivamente con los Estados Unidos". Dietz, 136-137.

[76] Díaz Ayala, 279.

[77] En la realidad diaria de los que vivían en el Nueva York de los años de la Depresión, el "Home Relief" no era tan fácil de obtener ni tan bueno como lo pinta Canario en su canción. Lo que da a entender la canción es que lo que los neoyorquinos consideraban un programa deficiente y denigrante, para los puertorriqueños era algo maravilloso. En una descripción del programa "Home Relief" que aparece en el portal cibernético del Museo del Lower East Side vemos que esta fue una iniciativa del entonces gobernador de Nueva York F.D. Roosevelt instaurada en 1931. El programa de asistencia se implantó para ayudar a familias o individuos con una necesidad apremiante de ayuda. Para calificar para estas ayudas había que estar en o al borde de la indigencia absoluta. El proceso de solicitud era diseñado de forma tal que sólo aquellos cuya dignidad había sido destruida por la necesidad tomaran la decisión de pedir y aceptar los

términos de la ayuda. Luego de pasar interminables horas de filas y entrevistas con investigadores del programa, el solicitante, si era elegible, debía someterse a un escrutinio riguroso de su vida. El investigador tenía la potestad de adentrarse en las casas de los beneficiarios del programa y buscar hasta en los armarios para comprobar si existía una verdadera necesidad y si se estaba haciendo buen uso de la ayuda. Cada hogar o individuo adscrito al programa era visitado por lo menos una vez al mes por los investigadores. Aun así, se efectuaban redadas sorpresa para detectar casos no justificados de ayuda. El plan brindaba, como lo vemos en la letra de la canción, alimentos, ayuda para pagos de vivienda, pago de suministros energéticos, misceláneas para el hogar, vales de compra o dinero y ayuda para gastos médicos. http://www.tenement.org/encyclopedia/social_relief.htm.

[78] Ortiz,31.

[79] Ibidem.

[80] Estas canciones eran instrumentales. Pero podemos inferir por los títulos las temáticas sociales o personales que existían en el marco referencial de los compositores. Para escuchar porciones de estas canciones ir a http://frontera.library.ucla.edu/recordings/puertorrique%C3%B1os-en-curacao

[81] Encontramos el detalle curioso porque no es hasta la Segunda Guerra Mundial que se establecen bases militares aliadas en

dicha isla. Al parecer existía una comunidad boricua en la isla a la cual se le dedicaba esta canción de Francisco Carballo.

[82] No fue hasta llegada la década del setenta que la población urbana de Puerto Rico superó a la población rural. Vázquez Calzada, 35.

[83] Díaz Soler, 4.

[84] Virginia Sánchez Korrol, *From Colonia To Community: The History Of Puertoricans In New York City*, (Berkely, California, 1984), 77 (traducción mia).

[85] Debemos enfatizar que nos referimos al análisis letrístico de la canción. Si fuéramos a hablar del tipo de ritmo o género musical utilizado podríamos decir que casi todos los temas son del género folclórico ya que la guaracha jíbara, la plena y la danza constituían el marco percusivo/rítmico de la gran mayoría de las grabaciones realizadas durante la primera mitad del siglo veinte.

[86] En el caso de las estaciones radiales en Estados Unidos de boricuas o con programación boricua, la realidad es otra. La música que se programa en dichas estaciones, especialmente en las comunidades de ciudades más pequeñas, como Reading, Pennsylvania o Vineland, Nueva Jersey, es folclórica/ patriótica; y la música tropical (salsa) que se programa toca frecuentemente el tema de la nostalgia del boricua ausente. Un ejemplo de la presencia del tema patriótico en la salsa es la música que creó, en Nueva York, en la década de los ochenta, el Conjunto Clásico.

[87] Mariano Muñoz Hidalgo, "Bolero y modernismo; la canción como literatura popular, "Literatura Lingüística, no.18 (2007).

[88] Como nos explica Virgina Sánchez Korrol en su obra *From Colonia To Community: The History Of The Puerto Ricans In New York City* (1984: 79), los "rent parties" o fiestas para el alquiler (en traducción mía), "la asistencia a estas fiestas no estaba limitada a los miembros de la familia que las ofrecía...sino que eran coordinadas con el propósito de cobrar una cuota de entrada a los asistentes. El motivo primario de la fiesta era el de ayudar a los residentes del apartamento a pagar el alquiler del mismo....A los músicos se les pagaba con lo que se ganaba en la venta de bebidas y comidas típicas puertorriqueñas. Aquellas familias que tenían la fortuna de contar con parientes músicos tenían mejores posibilidades de enfrentar los periodos de escasez económica porque los músicos siempre encontraban trabajo (en las fiestas de alquiler).

[89] John Simon, "Rebel in the House: The life and times of Vito Marcantonio," Monthly review.http://monthlyreview.org/2006/03/01/rebel-in-the-house-the-life-and-times-of-vito-marcantonio (consultada el 24 de enero de 2013).

[90] Los "aires de guerra" de la Segunda Guerra Mundial se comenzaron a sentir claramente apenas 14 años después de finalizar la Primera Guerra Mundial. Adolfo Hitler asumió el poder en una Alemania todavía sumida en los efectos de su

derrota. En violación del Tratado de Versalles, Alemania comenzó a reamarse. En 1936 se apartó nuevamente de los acuerdos del tratado y reocupó los territorios del río Rin. Dos años después volvió a ignorar el tratado y anexó a Austria. En 1939 logró, a través del Pacto de Munich, que Francia e Inglaterra accedieran a que Alemania reocupara sectores de Checoslovaquia. Meses después, Alemania rompió el pacto y ocupó el resto de Checoslovaquia. Mientras todas estas afrentas a los países firmantes del Tratado de Versalles, se daban, Alemania amenazaba con invadir a Polonia. En 1939, Gran Bretaña garantizó a Polonia intervenir en caso de una violación alemana a la soberanía de dicho país. El cumplimiento de esta promesa tuvo como consecuencia el comienzo de la Segunda Guerra Mundial.

[91] José Luis Torregrosa, *Historia de la Radio en Puerto Rico (Río Piedras*: Publicaciones Gaviota, 1991) 129- 130.

[92] Che Paralitici, *No Quiero Mi Cuerpo Pa' Tambor: El Servicio Militar Obligatorio en Puerto Rico* (San Juan: Ediciones Puerto, 2006), 21.

[93] James S. Olson, Ross Marlay, and Joseph M. Rowe, eds., *Historical Dictionary of European Imperialism* (New York: Greenwood Press, 1991), 205.

[94] Ver: Arnaldo Cortesi, "Italy to Quit League of Nations Unless it is Reformed; Demands Altered Aims and Set Up at Once," The New York Times, 6 de diciembre de 1933, primera plana.

Frederick Birchall, "Italy Seen Playing for Time in Geneva and Intent on War," The New York Times, septiembre 9 1935, primera plana. Sobre la interpretación neoyorkina de la situación en Berlín ver: "Hitler Crushes Revolt By Nazi Radicals; Von Schleicher is Slain, Roehm a Suicide; Loyal Forces Hold Berlin in and Iron Grip." The New York Times, julio 1, 1934, primera plana.

[95] Se debe aclarar que las condiciones laborales de los puertorriqueños de Nueva York eran tan precarias que aun los que trabajaban tenían salarios tan bajos que calificaban para los programas de la WPA (Work Progress Administration) y el Home Relief.

[96] Aunque siempre se presentaba con grupos, por la forma en que se solía interpretar las canciones para esta época temprana del siglo 20, cuando el concepto del canto a voces de los tríos y los cuartetos todavía no tenía mucho arraigo, Johnny Rodríguez era un solista. Las canciones de los veinte y los treinta solían ser interpretadas por un cantante que luego daba paso a un coro que repetía un estribillo entre el cual el solista hacía intervenciones, según se hace en la salsa y en la plena. Johnny Rodríguez hasta sus últimos días se presentó como Johnny Rodríguez o como Johnny Rodríguez y su Trío o como Johnny Rodríguez y su Grupo. Sobre el éxito de Johnny Rodríguez a raíz de su incursión en la música popular declara Felipe Jiménez: "se fue convirtiendo en uno de los cantantes más populares... el

cantante latino mejor pagado en los Estados Unidos en aquellos tiempos". Felipe Jiménez Ramírez, "Los Tríos de Johnny Rodríguez Lozada", La Canción Popular, 1999, 149.

[97] Rosaura Vega Santana, "Johnny Rodríguez: el valor de la propia convicción," La Canción Popular, 1997, 168.

[98] The New York Times, 24 de agosto de 1939, portada.

[99] André Tardieu, "¿Paz? ¿Guerra?", El Imparcial, 5 de marzo de 1939.

[100] Drew Pearson, Robert Allen, "El Tiovivo de Washington", El Imparcial, 2 de marzo de 1939.

[101] El Imparcial, 20 de marzo 1939, portada.

[102] Ibidem.

[103] Vega Santana, p. 166. Escribe Rosaura Vega que Johnny Rodríguez era un camisa negra y que como miembro del Partido Nacionalista escribió la marcha *La Libertad*. "Fue su canción favorita, la canción que más cerca del corazón llevó durante toda su vida, aunque jamás la grabó".

[104] Joaquín Monteagudo, "200,00 Desempleados en Puerto Rico", El Imparcial, 1 de marzo de 1939.

[105] Eugenio Látimer Torres, "Encuentro con Julio Roqué Marín y su Discografía," La Canción Popular, 2003, 57-68.

[106] Muchas de las canciones de la discografía presentada por Látimer no se incluyen en la discografía puertorriqueña recopilada por Díaz Ayala. La canción *Mujer Boricua*, según Díaz Ayala, aparece en la discografía latinoamericana recopilada por

Richard Spottwood en su obra *Ethnic Music on Records- A Discography of of Ethnic Recordings Produced in the United States, 1893-1942*, con la autoría atribuida al cayeyano Fausto Delgado.

[107] Después de escucharla, gracias a una grabación suministrada por el coleccionista Juan Mora Bosch, la considero más una guaracha que una plena. La estructura y el acompañamiento rítmico no tienen las características de las plenas que se grababan en esos años.

[108] El Imparcial, 2 de abril 1939. Primera Plana.

[109] No sería hasta 1961 que Franz Fanon publicara *Los Condenados de la Tierra*. Estas declaraciones del presidente del Partido Nacionalista Puertorriqueño, dichas décadas antes, parecerían ser un resumen profético de las ideas que el psiquiatra antillano, luchador de la libertad de las colonias africanas, propondría en sus escritos.

[110] Por el hecho de que El Imparcial parecía tener una gran circulación entre los puertorriqueños de Nueva York (donde se grabaron y posiblemente compusieron la mayoría de las canciones presentadas en este trabajo), en la época que nos ocupa, concentré mi investigación sobre los años de 1939 al 1941 en la información vertida por este rotativo boricua.

[111] El Imparcial, 18 de marzo 1939, portada.

[112] En una búsqueda que hiciéramos de la partitura de esta canción en su versión en inglés, encontramos que existe una copia en una biblioteca británica. No hemos podido obtener

copia, pero sería interesante ver, si es que contiene letra, cómo era la versión en inglés, si hablaba de lo mismo que en español o giraba en torno al tema del amor. Lo que sí sabemos es que el Dr. Roqué fue muy exitoso en los negocios, y no nos sorprendería que usara las mismas partituras para intentar llegar a dos mercados diferentes, con temáticas diferentes. Según las investigaciones sobre la cancionística americana de Holloway y Cheney, en 1939 no se mercadeó en la radio estadounidense ninguna canción que tocara el tema de la posible guerra en Europa. A diferencia del caso de Puerto Rico, el repertorio socio-político estadounidense de ese año, era muy escaso y todavía giraba en torno a los estragos de la Gran Depresión. No sería hasta 1940, ya comenzada oficialmente la guerra, que los compositores norteamericanos sentirían la conveniencia o necesidad de escribir canciones sobre los eventos europeos. Ver: Diane Holloway, *American History in Song: Lyrics from 1900 to 1945* (Lincoln, Nebraska: iUniverse, 2001), 372-381.

[113] La frase más conocida, el gancho, de esta canción, *No quiero mi cuero pa'tambor*, sirvió de título para un libro del historiador Ché Paralitici, ya citado en el presente trabajo. En la grabación original en lugar de cuerpo se dice "cuero"; un juego de palabras que apunta hacia la deshumanización del soldado.

[114] Para la década del treinta tener el apellido Cole y pronunciarlo en inglés podía tener consecuencias negativas. En 1936 otro Cole, el Jefe del Regimiento 65 de Infantería de los Estados

Unidos fue quien, según Juan Antonio Corretjer, ordenó el linchamiento de los ajusticiadores del jefe policiaco Elisha Riggs, Elías Beauchamp e Hiram Rosado. La orden del linchamiento de los nacionalistas fue dada desde El Morro. Dos semanas después, el Coronel Cole fue ascendido por Roosevelt y trasladado a Estados Unidos. Ver: Marisa Rosado. *El nacionalismo y la Violencia en la Década de 1930* (San Juan: Ediciones Puerto 2007), p. 70.

[115] Roberto Cole fue fotógrafo de la Administración de Fomento Económico por 32 años. Según relata Rosaura Vega en un ensayo sobre la vida de Roberto Cole, el autor fue el fotógrafo personal del gobernador Luis Muñoz Marín y de la Orquesta Sinfónica de Puerto Rico. Ver: Rosaura Vega Santana, "Roberto Cole: Apuntes sobre su Vida y Obra," La Canción Popular, 1997, 132-143.

[116] Antes de que Alemania decidiera invadir a Francia se pensaba que las defensas de esta nación eran inexpugnables. Durante la Primera Guerra Mundial Francia sufrió grandes pérdidas en vidas y en infraestructura. Luego de la victoria aliada, los franceses temían que por las exigencias del Tratado de Versalles los alemanes buscaran una venganza eventual. Con el propósito de evitar cualquier posibilidad de ataque alemán a sus fronteras, Francia edificó lo que se conoció como la Línea Maginot; un sistema de fortificaciones que cubría gran parte de la frontera entre Francia y Alemania y entre Francia e Italia. Los alemanes la

evadieron. Entraron a Francia a través de Bélgica y atravesaron los desprotegidos bosques de Las Ardenas del norte de Francia para sorprender a los franceses que se rindieron sin presentar mucha oposición militar.

[117] El Imparcial, 9 de mayo, 1939, portada.

[118] El Imparcial, 5 de marzo de 1939, p. 13.

[119] El Imparcial, 24 de mayo de 1939, p. 4.

[120] Vega Santana,134.

[121] Paralitici, p. 192.

[122] En entrevista que hiciéramos, al músico y fotógrafo Nando Rosado, el 25 de enero de 2010, nos indicó que muchos que, como él, deseaban entrar al ejército como salida desesperada a la pobreza extrema que se vivía en el país, no eran admitidos por desnutrición, falta de estatura y pésimas condiciones de salud. En Estados Unidos el 35.8 por ciento de los examinados fue rechazado; en Puerto Rico el 78 por ciento. Paralitici, op.cit. p. 217.

[123] El Dr. José Manuel Torres Gómez narra en su libro *Mi Vida Militar,* que durante su estadía en Camp O'Reilly en Gurabo, "... un grupo de artistas dirigido por Bob Hope ofrecieron un espectáculo muy entretenido y relajante". Según el autor, Bob Hope hizo comentarios sobre lo mucho que se reían los soldados de los actos de pantomima de Jerry Colonna y que sin embargo no se reían de sus chistes: "Bob Hope no estaba al tanto de que nuestra soldadesca no conocía el idioma inglés lo

suficiente para entenderlos". Ver; José Torres Gómez, *Mi Vida Militar*, (Quebradillas, Puerto Rico: Imprenta San Rafael, 1994), p.5.

[124] Para 1945 ya había estaciones de radio en San Juan, Ponce, Mayagüez y Arecibo. Torregrosa, p. 219.

[125] La Autoridad de las Fuentes Fluviales, fue creada en virtud de la Ley Número 83 del 2 de mayo de 1941.Ver: http://www.aeepr.com/historia.asp

[126] Ver: Franz Fanon, documento PDF obtenido en dewww.pakitoarriaran.org/artículos/3347-descargar-pdf-los-condenados-de-la-tierra-de-franz-fanon.htm . Pág. 70.

[127] Es justo tomar en cuenta que la canción se grabó en Nueva York y que, al igual que Rafael Hernández, Flores había estado en el ejército. Se graduó de maestro de inglés en la Universidad de Puerto Rico. Su experiencia vital, aunque de extracción sumamente humilde, le llevó a ocupar puestos de cierta importancia. Fue inspector de trenes, cobrador de impuestos y secretario del ayuntamiento de San Juan. Todo esto antes de convertirse en el reconocido músico y compositor que sería más tarde.

[128] El Mundo, 13 de septiembre de 1942, p.6.

[129] Puerto Rico World Journal, 19 de septiembre de 1942, p. 4.

[130] Entre 1941 y 1942 el gobierno de Estados Unidos tomó decisiones que habrían de sentar las bases para unas futuras reformas civiles para los ciudadanos afroamericanos del país. En

1940 el ejército comenzó a aceptar negros en proporción a su población. Con la orden ejecutiva 8802, Roosevelt prohibió la discriminación contra los negros en la industria armamentista o el gobierno por cuestiones de raza, credo, color u origen. En abril de 1942 la armada norteamericana comenzó a aceptar negros entre sus filas. Ver: John W. Jeffries, op cit, p.107-112.

[131] Para 1942 los submarinos alemanes habían hundido cientos de barcos de las naciones aliadas en el Caribe. Puerto Rico era cabeza de lanza en los esfuerzos para detener esos ataques. Ver: Gaylord T.M. Kelshall, *The U-Boat War in the Caribbean* (Annapolis, MD: Naval Institute Press, 1994), p.80.

[132] Aun en una situación desesperante y a punto de perder la guerra, los británicos en 1943 "se opusieron a un plan norteamericano de sustituir soldados blancos en el Caribe por puertorriqueños. Los norteamericanos, defendieron la capacidad militar de los puertorriqueños y presentaron el argumento racista de que no estaban enviando negros a países de blancos, estaban enviando puertorriqueños blancos a países de negros. Para 1945, dos terceras partes de las fuerzas norteamericanas en el Caribe eran puertorriqueños". Ver: Maingot, Anthony P. *The United States and the Caribbean.* Boulder: Westview Press, 1994. 53 (traducción mía). Sería interesante indagar si hubo algún tipo de exigencia fisionómica al escoger a los boricuas que sirvieron en el Caribe militarizado de la S. G. M..

[133] En 1950, en pleno apogeo de inversiones posguerra, el Ingreso Per Cápita de Puerto Rico era menor que el promedio de I.P.C. de los países latinoamericanos. En 1930 (32 años después de la invasión norteamericana y 13 años como ciudadanos estadounidenses),de los países que se tienen estadísticas, Puerto Rico era el país más pobre del hemisferio, era un país paupérrimo, enfermo, con hambre y políticamente impotente. No sería hasta 1959 que el ingreso per cápita de los puertorriqueños superaría al del promedio latinoamericano. Para ver estadísticas oficiales:Puerto Rico. Governor. Annual Report of the Governor of Porto Rico for the Fiscal Year Ending June 30 .. Washington, D.C.: G.P.O., 19011951

Para ver estadísticas mundiales http://www.ggdc.net/maddison/historical_statistics/horizontal-file_03-2007.xls

[134] En 1939 El Imparcial presentó un editorial que publicó el New York Post sobre la situación en Puerto Rico. Parte de este editorial describe la relación entre la colonia y la metrópoli como sigue: "…los puertorriqueños se sienten tan infelices bajo el régimen de los Estados Unidos como cualquier pueblo esclavizado en cualquier parte del mundo. Cuando nosotros tendemos la vista hacia el exterior para encontrar la brutalidad, podríamos mirarnos a nosotros mismos para encontrar el descuido…Como nación somos lo bastante ricos para hacer algo en relación con Puerto Rico, para remediar la crisis económica

de su pueblo, y para hacer la colonia un motivo de orgullo para nosotros como es Bermuda para Inglaterra. Por el contrario, hemos tolerado la explotación sin riendas de la isla. Hoy mismo tratamos a los puertorriqueños, no como americanos , sino como extranjeros sometidos a nuestro dominio". Ver: El Imparcial, 4 de abril de 1939.

[135] En una nota de El Imparcial aparece la siguiente información sobre los pagos de pensiones a los dependientes: "La pensión para familiares se concede sólo a soldados del ejército que pertenezcan a los cuatro primeros grados: es decir, soldados rasos, soldados de primera clase, cabos y técnicos….". Una descripción de la mayoría de los soldados puertorriqueños. Ver: El Imparcial, 12 de septiembre de 1942, p. 5.

[136] Sobre los efectos que tuvo el ataque japonés a Estados Unidos en los planes aliados del frente europeo escribe Weighly: "Pearl Harbor set in motion a succession of Japanese conquests, partially foreseen in prewar planning but extremely and frighteningly rapid and extensive, which carried the armed forces of the island empire through Malaya, Burma, Indonesia, the Philippines, and the western Pacific islands until they threatened India in the west, Australia in the south, and Midway and Hawaii in the east. Against the rush of Japanese conquest, even the British government…agreed that the priority of the European war over the Pacific could not become effective until India and Australia and the lines of communication thereto were secure

against Japan. The United States, fronting on the Pacific, was so much more inclined to forgo the previously proclaimed European priority". Ver: Russell F. Weigley, The American Way of War: a History of United States Military Strategy and Policy, Indiana University Press paperback ed. (Bloomington: Indiana University Press, 1977), 270.

[137] Sobre esta migración, en cierta forma forzada, y su impacto en la formación de la colonia puertorriqueña de California, ver: Nitza C. Medina, "Rebellion in the Bay: California's First Puerto Ricans," Centro Journal, 2001, pp. 85-95.

[138] En su monografía sobre el poeta puertorriqueño Carlos Mario Fraticelli, Austin Díaz resume las similitudes entre Hawaii y Puerto Rico: "Puerto Rico and Hawaii were both annexed by the U.S. in 1898. In the beginning of the twentieth century they were both agricultural societies that cultivated sugar cane and coffee. Linguistically, both have two official languages. In Hawaii these are Hawaiian and English, and in Puerto Rico, Spanish and English. Most speak English in Hawaii and in the last thirty years or so there has been a renaissance of Hawaiian language and culture. Finally, in Hawaii there is also a strong military presence; the Hawaiian island of Kahoolawe has suffered almost the identical experiences of Vieques". Ver: Austin Diaz,"Carlos Mario Fraticelli: a Puerto Rican Poet on the sugar plantations of Hawaii", Centro Journal, Vol. XIII, Núm. 1, 2001, p. 97.

[139] Rivera Lizardi,p.70-71.

[140] The New York Times, 8 de diciembre 1941, primera plana.
[141] La Cervecería India, presentaba un anuncio de media página en el Puerto Rico World Journal, un periódico en inglés de Puerto Rico Ilustrado Inc., en el que además de venderse la cerveza India se vende el apoyo a la guerra. El encabezado muestra el dibujo de un piloto militar sonriente al lado de la frase "Top Notch Morale is the Child of Cheerfulness". El resto del texto explica cómo tomar cerveza India ayuda a alcanzar el objetivo de buen humor cuando se realiza un trabajo duro e importante como el de los militares ("For an army of men who enjoy a good glass of beer now and then, India is the first aid to good humor"). En la esquina derecha del anuncio se ve el sello de los bonos de guerra de ejército de los Estados Unidos. Puerto Rico World Journal, 12 de septiembre 1942 p.7.
[142] El Mundo, 12 de septiembre 1942, p. 5.
[143] El Mundo, 13 de septiembre de 1942, p.6.
[144] The New York Times, 8 de diciembre de 1941, primera plana.
[145] Unos días después del ataque a Pearl Harbor Okeh Records produjo la canción de las Murphy Sisters "You are a Sap, Mr. Jap". Es posible que de ese juego de palabras (que en inglés tiene sentido pero no en español) Acevedo haya sacado la idea de llamarle "sapo" al japonés. La letra de las Murphy Sisters, que dio paso a una serie de tirillas fílmicas e impresas de Popeye que llevaban el mismo título de la canción, es la siguiente:

"You're a sap, Mr. Jap, you make a Yankee cranky

You're a sap, Mr. Jap, Uncle Sammy's gonna spanky
Wait and see before we're done
The A, B, C and D will sink your rising sun
You're a sap, Mr. Jap, you don't know Uncle Sammy
When he fights for his rights, you'll take it on the lammy
For he'll wipe the Axis right off the map
You're a sap, sap sap, Mr. Jap".
Ver:http://www.youtube.com/watch?feature=player_detail page&v=8cQaP82Wv2E

[146] Paralitici, p. 211.

[147] Esta serie de tirillas de Popeye salía diariamente en el Puerto Rico World Journal y el El Mundo.

[148] Según Jeffries, el cine norteamericano de tiempos de guerra, presentaba a los japoneses como animales salvajes (beastly japs) y a los nazis como seres sin corazón. Jeffries, p.181.

[149] En su clásica obra *Age of Propaganda*, Pratkanis y Aronson describen el papel de la deshumanización en la propaganda bélica. Según los autores "una de las más perniciosas funciones de la propaganda bélica es la de facilitar a los ciudadanos de una nación destruir a los pobladores de otra nación con impunidad psicológica". "La manera más eficaz para reducir la disonancia que puede producir la aniquilación del enemigo es minimizar la humanidad del mismo o aumentar la culpabilidad de la víctima, o sea convencerse a uno mismo que el enemigo merecía el castigo infligido". (Traducción mía) Ver: Anthony Pathakis y Elliot

Aronson, *The Age of Propaganda: The Everyday Use and Abuse of Persuasion* (New York: Holt Paperbacks, 2007), p.46.

[150] Entrevista a Héctor R. Meléndez realizada en Cayey, Puerto Rico el 15 de octubre del 2010.

[151] El Mundo, 31 de diciembre de 1945,p. 6.

[152] El Mundo, 10 de julio de 1945, p.4.

[153] Clayton R. Koppes and Gregory D. Black, *Hollywood Goes to War: How Politics, Profits, and Propaganda Shaped World War II Movies* (Berkeley: University of California Press, 1990), 248.

[154] Loc. Cit.

[155] Koppes, p.250.

[156] Time.com/time/magazine/article/0,9171,932034,00.html

[157] En la excelente serie fílmica de PBS "The American Experience", el capítulo dedicado a Douglas MacArthur comienza con la siguiente narración: "In April 1944, General Douglas MacArthur was about to launch his biggest battle since World War II began. He was destined, his parents had told him, to be a great man. At West Point he had been first in his class. In World War I, America's most decorated soldier. But in 1942 he had presided over the biggest defeat in the history of the U.S. Army -- the surrender of more than 70,000 American and Filipino troops -- on the Bataan peninsula guarding Manila Bay, and the island fortress of Corregidor". Ver:http://www.pbs.org/wgbh/amex/macarthur/filmmore/transcript/transcript3.html. MacArthur, además de ser un admirado

militar, tenía aspiraciones presidenciales, pero sus inclinaciones de extrema derecha chocaban con las tendencias antifascistas de la época que le tocó vivir. Aun con el apoyo de los grandes intereses norteamericanos, (principalmente, H.L. Hunt, al momento el hombre más rico de Estados Unidos), jamás obtuvo siquiera la nominación republicana a la presidencia de Estados Unidos.

[158] El Mundo, 8 de abril de 1945, Portada.

[159] El Mundo, 5 de febrero de 1942, p.2.

[160] El Mundo, 5 de febrero de 1942, p.3.

[161] Esta cifra no incluye los films noticiosos que se presentaban antes de las películas, preparados bajo la supervisión de la Oficina de Información de Guerra del gobierno estadounidense.

[162] Jeanine Basinger, The World War II Combat Film: Anatomy of a Genre. 1 ed. (Middletown, Conn: Wesleyan University Press, 2003), p. 130.

[163] Ver: Haydé Rivera de Maymón en www.ladanza.com/maymobio.htm

[164] La bomba atómica fue lanzada en Hiroshima el 5 de agosto de 1945. No fue hasta el 8 de agosto que El Mundo reportó la noticia.

[165] El Mundo, 8 de agosto de 1945, primera plana.

[166] Entre 1930 y 1937 el gasto militar japonés ascendió del 31 por ciento del presupuesto total del Japón al 47 por ciento. Cuando el ministro de defensa notó las implicaciones nefastas de tales gastos en el resto de la economía trató de contraer el presupuesto militar. Los militares lo asesinaron la participación militar del presupuesto nacional subió en 1938 al 70 por ciento del presupuesto nacional del Japón. Según Paul Kennedy, al finalizar la década del 30, la armada japonesa era más poderosa que la italiana y, posiblemente, la francesa y la británica. Ver: Kennedy, op. cit., 300-301

[167] El Mundo, febrero 1, 1942.

[168] Koppes, p. 251.

[169] El Mundo, 1 de agosto de 1945, p. 13.

[170] Es en la grabación de este tema cuando, según sus propias palabras, Daniel Santos añade a su estilo de cantar la peculiar manera de pronunciar ciertas vocales que lo haría famoso internacionalmente, "Don Pedro me fue creando un estilo distinto hasta que un día yo estaba cantando Despedida y cuando llegué a la parte que dice sólo me parte el alma y me condena que dejé tan solita a mi mamá dije por joder mamaooo y don Pedro que estaba allí se echó a reír y luego me indicó que esa iba a ser una característica de mi nuevo estilo". Ver: Omar Ramírez, "Daniel Santos", La Canción Popular, Núm. 16, p.34.

[171] Omar Ramírez, p.34

[172] Texto del "Discurso de las Cuatro Libertades":"The first is the freedom of speech and expression--everywhere in the world. The second is the freedom of every person to worship God in his own way--everywhere in the world. The third is freedom from want--which, translated into world terms, means economic understandings which will secure to every nation a healthy peacetime life for its inhabitants--everywhere in the world. The fourth is freedom from fear--which, translated into world terms, means a world-wide reduction of armaments to such a point and in such a thorough fashion that no nation will be in a position to commit an act of physical aggression against any neighbor--anywhere in the world."Ver:
http://www.archives.gov/exhibits/powers_of_persuasion/four_freedoms/four_freedoms.html

[173] Al repecto escribe Antonio Fernós: "Cuando el almirante Leahy…llega a Puerto Rico en sustitución del general Winship en 1939, no sólo viene de Gobernador. Es el administrador de un programa abarcador de renovación y construcción militar con un presupuesto considerable para obras públicas. Era un presupuesto paralelo al del Gobierno de Puerto Rico". Antonio Fernós, La Correspondencia Secreta Entre Luis Muñoz Marín y Ruby Black (San Juan: Ediciones Puerto, 2009), p.107.

[174] Ver: Juan Mora Bosh, "Recordando a Leopoldo González", La Canción Popular, núm. 11, 1996, p.51.

[175] Fernós, p. 53-56.

[176] Ibidem, p.56.

[177] Torregrosa, p.45.

Made in the USA
Middletown, DE
23 April 2022